长安与罗马

——公元前后三世纪欧亚大陆东西帝国的双城记

周繁文　著

商务印书馆
The Commercial Press

2016年·北京

图书在版编目(CIP)数据

长安与罗马：公元前后三世纪欧亚大陆东西帝国的
双城记 / 周繁文著. — 北京：商务印书馆，2016
（2016.11 重印）
（丝瓷之路博览）
ISBN 978 - 7 - 100 - 11834 - 7

Ⅰ．①长… Ⅱ．①周… Ⅲ．①中国历史—研究—秦汉
时代②罗马帝国—历史—研究 Ⅳ．①K232.07②K126

中国版本图书馆CIP数据核字(2015)第287929号

长安与罗马
——公元前后三世纪欧亚大陆东西帝国的双城记

周繁文 著

商 务 印 书 馆 出 版
（北京王府井大街36号　邮政编码100710）
商 务 印 书 馆 发 行
三 河 市 潮 河 印 业 有 限 公 司 印 刷
ISBN 978 - 7 - 100 - 11834 - 7

2016年1月第1版　　　开本 880×1230　1/32
2016年11月北京第2次印刷　印张 8

定价：50.00元

主　　办：中国社会科学院历史研究所中外关系史研究室

顾　　问：陈高华

特邀主编：钱　江

主　　编：余太山　李锦绣

主编助理：李艳玲

编者的话

　　《丝瓷之路博览》是一套普及丛书，试图以引人入胜的方式向广大读者介绍稳定可靠的古代中外关系史知识。

　　由于涉及形形色色的文化背景，故古代中外关系史可说是一个非常艰深的研究领域，成果不易为一般读者掌握和利用。但这又是一个饶有趣味的领域。从浩瀚的大海直至无垠的沙漠，一代又一代上演着一出又一出的活剧。既有友好交往，又有诡诈博弈，时而风光旖旎，时而腥风血雨。数不清的人、事、物兴衰嬗递，前赴后继，可歌可泣，发人深省。毫无疑问，这些故事可以极大地丰富人们的精神生活。

　　本丛书是秉承《丝瓷之路》学刊理念而作。学刊将古代中外关系史领域划分为三大块：内陆欧亚史、地中海和中国关系史、环太平洋史。欧亚大陆东端是太平洋，西端是地中海。地中海和中国之间既可以通过海上丝绸之路，也可以通过草原之路往来。出于叙事的方便，本丛书没有分成相应的三个系列，但种种传奇仍以此为主线铺陈故事，追古述今。我们殷切希望广大读者和作者一起努力，让古代中外关系史的知识走进千家万户！

2012 年秋

引子

将时间溯回至两千年前，站在欧亚大陆东端和西端的尽头眺望，眼前的景象与今天并无不同——天连着地，地连着海，海连着天。但如果从空中俯瞰，却是与现在迥异的疆域分野，这片大陆东西两端的广阔土地各被一个宏伟的帝国所控制，汉和罗马，它们的名字直到今天仍是人类文明的天空里闪亮的星星。

行经公元前后的这数百年时，历史的车轮激起的滚滚烟尘，飞扬、落下、深积，成为东亚和西欧文化之壤中那层厚重的基石。此后的两千年，这两大帝国余留的回响仍然盘旋在岁月的风云间，它们曾构筑的政治、经济、文化框架，它们曾发展的思想、技术、艺术架构，仍遗留在我们文化的基因里，以一种不易察觉的方式在现代社会中继续发挥着影响。它们的器皿还在，它们的建筑还在，以沉默的方式留给我们那曾经鲜活的历史转身后依旧动人的背影。如果我们想知道自己从何处来，想知道今天之所以为今天，首先要做的，便是回到过去。作为当时的帝都，长安城和罗马城是帝国恢宏景观的微缩，也是我们了解帝国辉煌历史的窗口。

这本小书脱胎于我的博士论文。在论文的写作过程中，思维仿若来回游走于若干个世纪前欧亚大陆东西两端的这两座城市，心里总是涌动着诗意而激扬的想象，那时就想跳脱学术论文的桎梏，将这些感悟和怀想写下来。后来幸得刘文锁老师向余太山先生举荐，允我在这套丛书中辟一角落，将所感所想凝成文字。

　　这是书写，也是抒怀！考古学和历史学研究的浪漫之处，便在于穿越了古今、沟通了现实与想象。在面对着浩瀚史籍和丰富遗迹时，我似乎总能看见那两座城市里，形形色色的人们经历着，如同我们今天一般的悲欢离合，却有着不同于我们的衣食住行。这两座城，后来由一条漫长的丝绸之路所联系，但直到西汉覆灭，它们也未取得直接联系。书中展现的是它们相遇之前的样子，此时它们对彼此几无所知，如同人类文明之树上绽开的两枝互相争艳的花，酝酿着即将写就的东西方文化交流长诗。

　　囿于丛书体例所限，资料未能一一注明出处，感谢为本书提供资料的作者们。书中图片大部分为作者自己拍摄，也有小部分系来自发掘报告和研究论文，也都一并感谢。最感谢的，是细心而辛勤的编辑们，还有在写作中给予我帮助的老师和家人们。

目　录

第一章

汉帝国地处东亚大陆，武帝元狩年间疆域最广时期东部、南部直邻海洋，西至喜马拉雅山脉、塔克拉玛干沙漠，北接草原游牧地带。罗马帝国以南欧的亚平宁半岛为圆心，将欧洲、非洲的一部分土地均尽包其中，图拉真治下版图最盛时西达大西洋，北至多瑙河和莱茵河，东到幼发拉底河，南抵阿拉伯和非洲沙漠地带，地中海成为帝国内海。

第一节　两个帝国的篇章

陆内与海内

> 春日载阳，有鸣仓庚。女执懿筐，遵彼微行，
> 爰求柔桑。春日迟迟，采蘩祁祁。
>
> ——《诗经·豳风·七月》

> 宙斯结束了太阳回归后寒冷的六十天，牧夫座
> 第一次在黄昏时分光彩夺目地从神圣的大洋河上升
> 起，潘迪翁那呢喃悲泣的女儿——燕子翩翩飞入了
> 人们的视野，春季便降临人间。要在她到来之前修
> 剪葡萄藤，这样会有好处。
>
> ——赫西俄德《工作与时日》

可见当北半球的春天到来、莺燕翻飞时，陆地之中和地

中之海的人们便看见了不同的景象。在每个春风初拂的日子里，田野里的人们便对桑和葡萄——这两种深深影响着两个国度里每个生民的作物——开始了劳作。

我们对东亚大陆再熟悉不过了。太平洋西岸的三级阶梯从东到西逐渐抬高，百川东流，由北至南，黄河、长江、珠江三条大河分别横贯整片大陆，沿岸形成的人类聚居地不知凡几。气候和地形的不同，使这片大陆的东西南北间面对的生存环境和挑战也不同，进而发展出了各自不同的生活方式和文化传统，尤其是东北、华北、西北、中原、东南、岭南、青藏几个区域至今仍然泾渭分明。相对来说，整片大陆内部的交通和交流都比较容易，不存在季节的限制，也没有航海的风险。虽然有华北、塔里木、华南三大亚板块的存在，但由于地处欧亚大陆板块的内部，地震、火山爆发等自然灾害

（宋）王希孟，《千里江山图》

略少于板块边缘地带；虽然常有洪水肆虐，但很早就发展出优良的水利系统，减弱了对农业生产和生活的影响。这片辽阔的土地以农耕为主，基本上能自给自足，即使不足的也能比较顺利地从邻近区域取得资源。陆地的东边是茫茫大海，朝鲜半岛和日本发展较晚；南边亦大海茫茫，东南亚群岛同样尚未成长；向北是草原；向西是现代人类尚难翻越的喜马拉雅山脉，何况是只凭一双脚的古人。在这样相对封闭的地理和文化环境中，文明的稳定、延续、单一是自然而然的事。

欧亚大陆的另一端，断裂带在地中海随处可见，无论是陆上还是海里，这片土地注定了要动荡不安。地震频繁，火山带蔓延，随之而来的海啸仿佛是波塞冬要将陆地变成他的海国。克里特岛、锡拉岛、赫梯城、庞培城、赫库兰尼姆城，这些曾经富饶美丽的城市都是大地摇撼者的牺牲品。

地中海北部重峦叠嶂，蜿蜒的山脉将漫长的海岸线分割得支离破碎，每个区域都是背靠大山，海路是它们之间最好的交通方式。山地道路弯曲，田园空间有限，不多的平原地区虽然肥沃富饶，却往往水流淤积，到了雨季情况更糟，要想在此生活，必须先征服沼泽地和洪水——而这种水利技术并不是所有民族都能掌握的。由于山地看起来比平原要更适合势力的扩张，因此高地人总是侵入低地。地中海南部是一

地中海景观

派截然不同的景象：海洋与撒哈拉沙漠相连，平坦而空旷；尼罗河三角洲带来丰饶的物产，沙漠却将游牧民族推向地中海沿岸——这是另一支与高地人一样的不安定力量。

伸入海中的亚平宁半岛和西西里岛是地中海的纽带也是分界，南北迥异，东西之间更是不同。荷马写道："在犹如葡萄酒一般深的紫罗兰海面上，基克拉迪斯群岛是一串耀眼的橘黄色块，罗得岛是一个大黑块，塞浦路斯则是靛蓝色块。"就像这种颜色分明的共存一样，东地中海和西地中海从来难以调和。罗马帝国曾经强行把两者置于同一名称之下，然而东西之间峭堑势异终是难以消弭，帝国的衰亡就是从东西分裂开始的。

沙漠和海洋的交锋造成了地中海极端的气候。从 4 月到 9 月，天空透明的清澈蓝色和夜晚满天的熠熠星斗的美丽景象也意味着 6 个月的旱季的到来。到了 10 月，大西洋潮湿的低气压才能驱散这糟糕的干燥；可是有时候雨水又下过了头，来势汹汹的洪水将席卷意大利的托斯卡纳平原、法国的鲁西荣平原、阿尔及利亚的米提贾平原、希腊的萨洛尼卡平原和西班牙的安达卢西亚平原——这些都是主要的粮食生产地。尼罗河、幼发拉底河文明曾运用人工灌溉工程来抵消雨水不均对农业的负面影响，但并非所有地中海沿岸的民族都能以这样奢侈的空间、人力和财力来修建这种工程。

地中海的河流也以交替进行的沉积和侵蚀影响着人类安宁与舛难变换的历史：沉积带来肥沃的土壤，水量增加的河流对陆地的侵蚀则带走了丰收、带来了灾难。罗马帝国的危机和 16 世纪肆虐欧洲的黑死病，均被认为是河流侵入洼地而造成的。

地中海绮丽的风光掩藏了它处处深伏的危机。虽然湛蓝的海水终年温度适宜，且有一些优渥的渔场，但总体来说物产很有限，因为海底永不停息的褶皱运动和高低起伏的山脉鸿沟，造成海水的盐度和温度经常发生剧烈变化，海中的生物常常成批死亡。幸而直布罗陀海峡这道通往大西洋的豁口挽救了这里，如果没有这道豁口，地中海将会变成死海一样的盐湖，但如果豁口太大，来自大西洋的过多生物又将使地中海动荡不安。

地理单元破碎而独立，气候原因造成物产不均衡，内海又使得海路交流只能在利于航行的半年内进行。有了这些前提，我们不难理解为什么环地中海地区有如此多相互独立且势均力敌的文化，为什么商业和掠夺资源的战争如此频繁，为什么势力的更替如此迅速，为什么始终如一又貌合神离。如果对历史按一下快进键，我们能看到埃及人、赫梯人、闪米特人、希腊人、罗马人、波斯人以眼花缭乱的速度在这些土地上此消彼长、你来我往，像兄弟一般相互依存，也像敌人一样剑拔弩张。

人类的历史是与自然相交缠的，并且跌宕起伏，大自然对人类既有褫夺，亦有恩泽；既有造就，亦有摧毁。这部充满血与火、歌与诗的历史鸿篇，偶尔柔曼，偶尔激扬，偶尔繁花绚烂，偶尔剑拔弩张。现在且让我们翻开属于两个帝国的篇章，与两千年前的先民对望。

方国与城邦

公元前 17 世纪，中原地区的商王朝从满天星斗般的古国中崛起，武丁之后国力渐盛，洹水环绕的殷墟王城成为四方翼戴的权力之极。商王直接统治的疆土为内服，邦伯的封地则是外服，边境派侯、甸控制。纣王在位时，商王朝周围的方国渐渐脱离其控制。

与此同时，渭水中游黄土高原的周人日益强大，统一了渭水流域诸部落后，终在公元前11世纪后灭商，定都镐京。周王将王畿之外的领土分封给诸侯，自己就像是一个联邦的首领。但从懿王之后，周天子已无法辖制羽翼丰满的诸侯们，边境诸部落也伺机作乱。公元前770年，申侯、缯侯引入犬戎，幽王被杀。平王迁都洛邑后，周王的势力范围渐渐收缩到只剩洛邑周围几百里的范围，众国环伺、群雄争霸。历经长年的相互兼并，最终幸存的只有十几个诸侯国，但有机会问鼎权力之巅的唯有秦韩赵魏楚燕齐七国，而对于后来统一局面的形成至为关键的是秦国。

公元前4世纪，秦孝公任用商鞅等人进行全面改革。第一次变法为战争做好了各方面的准备：主要针对投敌和藏奸罪实行连坐制；强制分户，形成小家庭模式，增加了军人和赋税的来源；以军功授爵，整顿军纪；重农抑商，编制户籍，固定人地关系，便于管理；迁都咸阳，占据有利战略位置。第二次变法调整社会结构：推行县制，以地缘政治取代血缘政治；废井田，开阡陌，承认土地私有；统一度量衡。如此秦国逐渐有了统一的底气，这个朝气焕发、野心勃勃的国家如同初升旭日般所向披靡，很快将关东河山照耀一尽。

在周王的允许下，公元前 8 世纪，秦人第一次拥有了自己的国家——正是同一个时间节点，在欧亚大陆另一端的亚平宁半岛上，罗马也正好进入王政时代。罗马的历史是从罗马城徽上母狼和孪生儿的故事开始的。根据一则流传甚广的神话，特洛伊陷落后，埃涅阿斯等人辗转来到拉丁姆地区（今拉齐奥区）自立为王，传到努弥托和阿穆略两兄弟时，前者继承了王位，后者继承了财富。富可敌国的阿穆略后来夺走了王位，但时刻担心自己兄弟的女儿生下男孩前来复仇。于是他迫使她成为供奉维斯塔女神的贞女，但这位姑娘却违背教义怀了孕，阿穆略的女儿为其求情，她终免于死刑，却被幽禁起来。分娩时，她产下一对孪生子，阿穆略令仆人将其丢弃。仆人将孪生子放在盆中，丢在河边。高涨的河水托起了木盆，轻轻载着它漂远，漂到了台伯河畔的帕拉蒂诺山下一棵名为卢米娜的无花果树下。从山里来的一头母狼恰好经过，用狼奶哺育了这对孩子。孪生子罗慕路斯和罗姆成人之后，因为权力和建城地址发生纠纷，争斗最终以哥哥罗慕路斯的胜利和弟弟罗姆的死亡告终。罗慕路斯建造了罗马城，因此，后人相信，"罗马"（Roma）的名字正源自"罗慕路斯"（Romulus）。

"罗马人劫掠萨宾妇女"是欧洲文学作品和艺术品中常见的题材。据说建城后的第四个月，由于男多女少，邻近的萨宾部成了罗马人的目标。罗慕路斯带着悍勇的军队劫来萨宾女人替自己生育后代。随着这种非自愿的通婚关系越来越多，两个部族间虽仍然战争不断，却也逐渐融为一体。正如卢浮宫收藏的一幅雅克·路易·大卫创作的油画《萨宾妇女》中所描绘的，罗马和萨宾再次开战时，一群女人冲到阵前，她们以萨宾人的女儿、罗马人的母亲的身份，站在武器和骏马

罗马卡匹托利诺博物馆的母狼与孪生儿雕塑

雅克·路易·大卫，《萨宾妇女》，1799

之间阻止了战争的继续。罗马和萨宾的融合只是罗马人统一亚平宁半岛进程中的一笔，却也是最重要的奠基石。

公元前509年，罗马共和国建立，首先征服拉丁姆地区，随后统一意大利，从而获得了征服地中海世界所需的资源。罗马附近的拉丁部落被合并。其他遥远的部落保持着内部的自治，承担与罗马公民相同的军事义务，却没有同等的政治权利，以及独立的军事和外交权利。

公元前4世纪末，希腊人和马其顿人在亚历山大的指挥下，横扫希腊、马其顿、埃及、亚细亚，建立了一个横跨三洲的大帝国。但是亚历山大的早亡使这个庞大的帝国如昙花一现，很快分崩离析，埃及的托勒密王朝、西亚细亚的塞琉古王朝以及中亚细亚的帕提亚王国等相继兴起。

而此时，罗马军团开始向地中海其他地区进发。在统一进程中，罗马最大的敌人首先是地中海西岸的迦太基（今突尼斯）人。公元前3世纪中晚期，通过两次布匿战争，罗马击败宿敌，基本控制了西西里岛、撒丁岛、科西嘉岛和伊比利亚半岛。随后又在地中海东部发动一系列战争，公元前2世纪，相继设立马其顿、非洲、亚细亚、高卢、西里西亚行省。正是这样一步步滚雪球般的吞并，罗马从帕拉蒂诺山到拉丁姆地区再到亚平宁半岛，历经数百年，成为几乎把所有地中海古代文化中心囊括在内的强国。

帝国的挫折

在进入长期而稳固的帝国时代之前，东亚和西欧有着类似的历史轨迹：都是从诸侯国或城邦林立的局面中崛起一支强大的力量，将其余各方势力收归其统治之下；但这种企图在广阔地域内建立一个政治共同体的努力，一开始都遭遇了短暂的挫折，东方是秦朝的短命和楚汉战争，而西方则是恺撒的被暗杀和几场内战。

秦和西汉是两个不同的朝代，但从政治、法律和文化的延续性来看，其实秦汉一体。秦朝的覆灭固然有一系列复杂的原因，但秦始皇过于急迫地打破旧秩序以及在制度设计上过于激进和严苛不可不谓是关键的因素，汉初流行的俚语将秦法称为"画地为狱，刻木为吏"，就是对其严刑峻法的指摘。对比一下汉初吕后二年实行的律法和秦律之间的差异，就可以发现，汉律基本沿袭秦律，较大的差别只在于量刑标准和牵连范围方面，对于同样的犯罪情节，汉律的处罚更轻、牵连面也更窄。

秦末发生的楚汉之争其实质是旧封君与新地主之间的冲突。天下大定后，刘邦在洛阳南宫设宴，与官员们对硝烟已息的战争进行反思。刘邦让众人议论项氏失天下而刘氏得天下的缘由。高起、王陵认为从个人品质来说，项羽仁义而爱人，刘邦轻慢而侮人，但是刘邦允许帐下的将领利益均沾，项羽却不能与人分利，这是导致胜负的主要原因。刘邦认可了这二人的意见，不过他认为还有另一层原因，即他能将运筹帷幄的张良、善于治理的萧何以及能征善战的韩信收归帐下并知人善任，项羽只有范增一人却不能善用。这番分析意指项羽念念不忘旧贵族的身份，极力挽留旧的秩序，而刘邦作为新兴地主阶层和军功集团的代表却正好能够对历史之潮推波助澜。

在罗马，恺撒统一地中海世界成为独裁者后不久即被暗杀，这固然有他个人的原因，但过于急迫地触动共和国贵族的利益和表现出独裁者的气质也是最主要的根源。因此，一些贵族谋划将他除去，恺撒身上的23处刀伤中，就有第二顺位继承人德基摩斯·布鲁图的一刀。但恺撒死后却得到平民的哀悼，愤怒的平民们甚至误杀了一个与凶手之一同姓的可怜人。恺撒的继承人兼外甥屋大维在统治策略和对待前朝的态度上和刘邦有很大的相似性。屋大维虽然也像养父一样在罗马城内修建了以自己名字命名的广场，却通过众多措施来弱化"独裁"的印象。他在广场陈列共和国历任执政官和凯旋者的雕塑，暗示帝国是共和国一脉相承的继承者，而不像恺撒一样在广场中心明目张胆地大搞个人崇拜，摆上一尊自己的雕塑。屋大维尽管行独裁之实，却在名义上保留了共和的制度。这些表面功夫都使得奥古斯都的帝国更能为众人所接受，他个人也以"共和国守护者"的面貌出现并赢得了不错的名声。

环视公元前1世纪到公元3世纪的古代世界，最为瞩目的历史事件莫过于这一东一西两大帝国的崛起和强盛。一个拥有前所未有广袤疆土的帝国的建立，为生活在这片土地上的人们打开了辽阔的视野和胸怀，多种文化的交融汇合产生了各种新的元素。出于巩固帝国事业的需要，统治机构设计了一系列的措施；为了铲除旧秩序的"遗毒"，不惜使用暴力。这样做当然要付出代价，前帝国时代各种思潮的百花齐放日渐凋零，哲学思索的热情亦慢慢减退。

秦汉帝国和罗马帝国为巩固统一成果所实行的政策制度的力度和方式不同，直接影响了后世的历史格局，使两大帝国走上了不同的发展路径：前者通过渗透进社会生活各方面的严密措施，使帝国民众逐渐形成了对于统一的集体认同，这是此后两千年中国虽几经分裂，却能始终以统一整体占据大部分时间的重要思想和社会基础。而罗马帝国的统一政策（尤其是思想、文化方面的政策）相对来说并不系统全面，再加上前面所说的自然环境因素，使整个帝国从根本上缺乏向心力，这也可以说是罗马帝国崩溃的重要原因之一。

《大风歌》与"Veni, Vedi, Vici."

且说刘邦成为皇帝后，回到故土与父老乡亲们饮酒，酒酣之际击筑唱道："大风起兮云飞扬，威加四海兮归故乡，安得猛士兮守四方。"恺撒虽不是罗马帝国真正的缔造者，却作为罗马共和国真正的终结者而在后世获得了"恺撒大帝"的称号，他亦留下一句名言："我来，我见，我征服。"（Veni,

Vedi, Vici.）

　　同样关于疆土，同样气吞山河，一"守"一"征"，这两位开拓者用语的差别其实正是两个帝国之政治与战争文化的差别。汉朝是内陆的农耕国家，权力的归属以及安全是内战的主要原因。对外战争多是与游牧民族之间的冲突，但这种战争也只是"犯我强汉者，虽远必诛"，即只有在遭到进攻后才组织反击；争夺资源的主动战争亦有，却不多。罗马虽然也以农耕为主，但前文提到过，地中海气候导致内部资源的不均衡，故战争成为夺取自然资源和奴隶财货的重要手段。正如古罗马史学家普罗塔科在《希腊罗马名人传》中所言："罗马是靠战争滋养并壮大的。"

　　刘邦在慷慨豪迈地唱完《大风歌》之后，忽然伤怀，落泪道："游子悲故乡。我虽已定都关中，即使死后魂魄也仍然想念沛县。"汉人在农耕定居文化、地缘政治和户籍制度的共同影响下，对故土有执着、保守的眷念。而地中海却有一句希腊谚语："绕过马累亚角的人必须忘记祖国。"他们不是在经商便是在战争的路上，不是在殖民地便是在新大陆上。

第二节　历史的转向

统一还是联合

秦始皇兼并六国、一统天下之后，推行郡县制，销民间兵器，统一度量衡、车轨和文字，徙豪富于咸阳，通过这一系列政策强化中央集权，建立一套由皇帝直接控制的官僚机构，确立了固定的权力世袭制度。但秦朝建立不久，分封制的影响仍有残余，思想、文化上未能真正破旧立新，加之连年征战使民生经济遭到很大破坏，政府又不给予宽松的发展环境，反而耗竭民力、苛征重赋、严刑峻法，仍然延续军事扩张过程中的统治思想，激化了社会内部的种种矛盾。然而秦帝国虽然短祚，"大一统"却注定成为不可逆转的历史潮流。

经历陈胜吴广起义和楚汉战争后，刘邦重新平定天下，制度基本承袭自秦，唯地方上郡国并行，自高祖以下至吕后、文景二帝，都采取休养生息的政策，使几经战乱涂炭的社会稳步复苏，同时徙天下豪富于长安，强干弱枝。等统治基础和社会形势稳定后，统治集团便开始逐步剪除侵碍中央权力的地方势力，首先是异姓诸侯王，渐及同姓诸侯王。武帝时期最终通过政治、经济、文化等各方面的政策巩固了中央集权统治，并平定四夷，开拓疆土，终使汉帝国达到全盛。

而罗马与其说是一个统一的帝国，不如说是在一个威权之下组成的联盟，权力更迭频繁，大部分行省保持相对的自治。公元前29年，屋大维（前27—前14年在位）获"皇帝"称号，此后又将"首席元老"、"奥古斯都"、"大祭司长"、"国父"等头衔集于一身，掌握着军事权、司法权、宗教权以及对于一切罗马行省和军队的最高权力，并具有终身保民官的职位。他死后的帝国，元首制向君主制转变，施行俯拜、吻足等王政仪式，建立以元首被释奴为主的帝国官僚机构，将公民权亦授予行省居民，但地方与中央的分离倾向一直很严重。尼禄（54—68年在位）自杀后，朱利奥—克劳迪亚王朝的统治告终，元老院、近卫军和行省大军团相互斗争，陷入内战。

由维斯帕（69—79年在位）开启的弗拉维王朝结束了动荡的局面，通过缩减开支、征收重税、进行投机活动以改善财政状况，同时授予更多的行省以公民权并吸纳更多行省公民进入贵族阶层，这些举措扩大并巩固了帝国的社会基础。但到图密善（81—96 年在位）当政后期，他的独裁倾向以及在多瑙河的军事行动导致其与贵族之间的矛盾激化，最终被暗杀。

接下来的安东尼王朝，元老阶层开始吸纳来自东方行省的成员，骑士进入官僚体系，职官等级制度严格化，官员权力得到加强，建立国家慈善制度，并令元老购买土地分配给无地的居民。图拉真（98—117 年在位）启动战争来增加国库收入，解决劳动力问题和土地危机，他在位期间帝国版图达到全盛，进入了史家称道的"黄金时代"。

天子与元首

汉帝国的最高统治者通常被称为皇帝。罗马帝国的最高统治者虽然也被译作"皇帝"（imperator）。但这两个称呼之间却有不同。一个是天之子，要向上天和臣民负责；一个是民之首，要为元老和公民谋福。不过后者往往还会加上"奥古斯都"的称号，这个名词最早是与宗教仪式相联系的，意谓神圣的，对应着罗马皇帝所拥有的宗教权。不论是天子还是元首，他们的权力都受到制约，前者是高级官僚集团，后者是贵族。

西汉的皇帝们住在防卫森严的宫墙之内，"禁中"、"禁苑"的称呼昭示着他们是帝国最神秘的一群人。即使对于同在长安城的人来说，很多人也许一生都不知道皇帝的样子，皇帝居住的地方更是不太容易接近。西汉皇帝还算是比较接地气的，出身民间的宣帝即位后还在寻常巷陌里为自己留了一间房子，成帝喜欢微服出游，但大臣们常会为此发表议论和批评。

但罗马皇帝就不一样了，他们的标准像几乎遍布帝国的每个城市，雕塑、钱币和饰品上都出现他们的形象。百姓们甚至在家中供奉皇帝的微型雕塑，因为他是帝国的"庇护人"。罗马帝国的权力继承未形成固定制度，很大程度依靠元首个人威望维持，基本程序是由元首收养某一家族成员，任命其为副执政官或保民官，最后由近卫军和元老院宣布成为新元首，随后承认其为行省和军队的统治者。罗马的政权过于依赖军队，这是导致帝国政权常常陷入乱局的直接原因之一，众多元首都是被暗杀的。

奥古斯都皇帝像

两个谜题

武帝的盛世局面之下，也潜伏着日后西汉覆灭的隐患。刘彻穷兵黩武，大兴土木，又笃信神仙方术，耗费靡多，亏空了自高祖文景以来历经七十余年充实的国库，不得不采取一系列应对措施，本意是聚豪强之财，具体实施时却成为伤害平民的苛剥之政，使民心不稳，动摇了统治基础。

昭宣时期轻徭薄赋，并将公田借贷给平民，但元帝以后，渐显衰败之意。公元9年，王莽篡权建立"新"朝。他痛恨汉室统治的诸多弊端，决心进行全盘改革，但政策激进，又过于泥古和追求形式，烦琐重复、朝令夕改，反而造成官民困扰，也触动了统治集团部分成员和地主豪强的利益，加剧了社会矛盾。短暂的新朝之后，天下陷入狼烟四起的混战。直至公元25年刘秀再次聚起破碎的河山。东汉而后三国，三国又复魏晋。秦汉虽然与宫阙万间一起做了土，它们留下的"统一"却至今未亡。

与汉武盛世之后同样的历史转向也发生在罗马皇帝图拉真的盛世中，战争虽然暂缓社会危机，却使国家的军事和财政都濒临破产。哈德良（117—138年在位）及时休战、免税，内收边界，却在宗教上采用强制同化的手段，从而激发了犹太战争。安东尼诺·皮奥（138—161 年在位）停止迫害基督徒，但宗教骚乱仍难以完全平息。马可·奥勒留（161—180 年在位）统治初期，帝国领土大片丢失。继位的康茂德（177—192 年在位）由于大批处死贵族，失去了贵族支持，他的被暗杀宣告安东尼王朝的终结。

分崩离析的各行省纷纷自立元首，直到塞维鲁（193—211 年在位）即位才将帝国重归统一。塞维鲁王朝由于元首企图减弱对军队的依赖，缩减军队待遇，引发军队的不满，塞维鲁之后的元首几乎都因军队哗变而被杀。235 年，塞维鲁死后，帝国陷入长达五十多年的危机，政治和经济状况全面恶化，蛮族大举入侵边境。这之后便进入了晚期罗马帝国，罗马的分裂倾向进一步加剧。直至 395 年帝国一分为二，东、西罗马帝国并立。再到 476 年，西罗马帝国覆亡，这也宣告了罗马帝国时代的彻底结束。

世界史研究里有两个著名的谜题，一个是中华帝国的超稳定结构，一个是罗马帝国的衰亡。中国的历史正如《三国演义》所说："天下大势，合久必分，分久必合。"而罗马帝国灭亡之后的西欧，再也没有出现一个能将欧洲大陆统一的力量。

第二章

昔日的煌煌长安如今只剩下断壁颓垣，昔日的巍巍罗马如今虽然号称"永恒"，却也早不是当年那个罗马。只有让时间一幕幕闪回，洗去后世一重重叠加的一面墙、一条路、一扇门、一幢房，才得以重新拼凑、搭建、着色于真实的姹紫嫣红。且拨开荒烟弥漫的历史，看看那长安人与那罗马人，寻常的一天。

一日

汉武帝派张骞凿空西域，东西方通过中亚地区逐渐打开对望的通道，这条跨越了四分之一地球的丝路连接了欧亚大陆的两端，远方的人和物纷至沓来，改变着对方的生活与文化，同时也为对方所改变。虽然终西汉一朝仍未与罗马取得直接的联系，虽然西汉王朝弥留之际，罗马帝国才刚刚在地中海地区张开权力的羽翼，但这并不妨碍我们在交错的时光中，看看东长安与西罗马在未曾相遇以前，它们各自最初的模样。

一日看尽长安花

在回到作为西汉都城的长安之前，且先忘却我们眼前大片留白的远景，从唐代诗人的眼里，来看看长安的中景：

> 五陵佳气晚氛氲，霸业雄图势自分。
> 秦地山河连楚塞，汉家宫殿入青云。
> 未央树色春中见，长乐钟声月下闻。
> 无那杨华起愁思，满天飘落雪纷纷。
>
> ——李频《乐游原春望》

唐人意象中的长安，是青丛掩映里未央宫依旧的树色；

是月色一片中长乐宫遥远的钟声；是忽然一阵风起，漫天杨花似雪，纷纷落下后，一切又重归于寂静……

好了，现在回到西汉吧，像一个生活在这里的长安人一样看看它。当晨曦透过庭前树照进帷帐时，城门、宫门、邑门、里门、市门，被一重重打开。人们各司其业，农民在田野耕耘，商贩在市肆买卖，工匠在作坊劳作，皇帝和官员们在宫室、官寺、官邸中处理着帝国的各种事务。在路上行走的时候要遵守"交通规则"，千万不能踏入路的最中间以排水沟和行道树隔出的那段，那是天子的驰道。闲暇时，可以斗鸡、蹴鞠、六博、投壶，或者在市中看看百戏。但在黄昏之前，一定要及时赶到目的地，否则那一重重门都会关上。夜里不能再在道路上行走。此时的长安是寂静的，也许仍有人在家中宴饮，但更多人会就着月色渐渐入睡。

高祖戚姬的侍女贾佩兰出宫嫁人后，曾追忆起在宫中的生活，最难以忘怀的是一年中的那些节日。不过，武帝太初年之前用的是颛顼历，每年以十一月为岁首。太初年之后改用太初历，才以正月为岁首。

七月七日，在百子池畔演奏于阗乐，乐终之后人人系上五色丝线。

八月四日，在竹下对弈，胜者可终年有福，负者则终年疾病，不过拿着丝缕对北斗星祈求长生，便可以消除这样的噩兆。

九月九日，佩茱萸，食蓬饵，饮菊花酒，人们相信这样可以长寿。菊花酒是在菊花开时，采摘茎叶混入黍米酿成，封存至来年的九月九日饮用。

十月十五日，宫人们一同到灵女庙以食物祭神，吹笛击筑，唱《上灵》之曲。接着一边相互搭着手臂以脚踏地为节奏，一边唱着《凤凰来》。

正月上辰，人们在水边清洁自己，食蓬饵以祛妖邪。

三月上巳，人们在潺潺流水边奏乐。

罗马人的一天

1 世纪末的玛尔齐阿雷在一首诗作中描述了他在奎里那勒山住宅中的日常生活。他住在公寓的高层，每日天亮前便听到附近磨坊开始工作，奴隶们有节奏地捣碎谷物。当阳光照进屋子时，路边的私塾传来了诵书声。再晚一些，手工艺人、流动商贩、乞丐开始制造出各种声音，如砰砰作响制作铁器的作坊、售卖硫磺灯芯的小贩。

古代罗马的普通人往往这样度过他们寻常的一天：早晨从苏布拉区或奎里那勒山的家中出来，前往他们的庇护人在富人区的住宅中请安；接着作为其扈从到城中心的广场，中午稍事休息后到战神原进行体育活动，之后去浴场；最后回自己家或是到庇护人的家中享用晚餐。

一年之中像这样程序化的日子虽然很多，但对于喜爱热闹和欢娱的罗马人来说节日也不少。当节日来临时，市民们通常会聚集到战

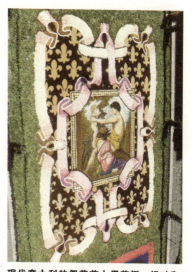

现代意大利的祭花节上用花瓣、绿叶和种子拼成的牧歌图

神原南区的剧场、大马戏场、斗兽场或其他有节日庆典的公共场所。节日中最有趣的是那些有戏剧、赛车、打猎、角斗等各类节目的。由于天气原因，从11月18日到次年的4月4日只有节日仪式而无节目，其他时间则常常可以碰上这样有趣的节目。

4月，4至10日是大母神节，有戏剧表演和赛马。12至19日是谷神节，在大马戏场释放背上系着燃烧火把的狐狸然后捕猎，观众必须穿戴白色衣服。4月28日至5月3日是花神节，进行戏剧表演、角斗士搏斗，猎捕绵羊、山羊和野

兔——可能因为在春天它们伤害了新芽。妓女们在公众场合裸露出自己姣好的身体，将鹰嘴豆、蚕豆和其他种子撒到人群中。观众则必须穿上彩色服装。

7 月，6 至 13 日是阿波罗节，其中六天为戏剧表演，两天是在马戏场的比赛。20 至 30 日是凯旋者恺撒节，前七天进行戏剧表演，后三天进行四场赛车。

9 月，4 至 19 日是罗马节，举行游行、戏剧演出和赛车。

10 月，26 日至次月 1 日是胜利者苏拉节，举行赛车。

11 月，4 至 17 日是平民的罗马节，前九天进行戏剧表演，最后三天赛车。

12 月，17 至 23 日是农神节，举办公共宴会，人们脱掉托加袍，戴上毡帽并交换礼物，宴会中奴隶们能受到他们主人的服务。

如果幸运，有生之年还能遇上罗马城百年一次的节日"百年大祭"，从共和国建立之年开始，每 110 年会在战神原举行一次，是祭祀下界神祇的竞技活动。公元前 249 年被定为全国性节日。公元前 17 年奥古斯都举行过一次，后来克劳狄奥、图密善虽未满百年，也都举行过祭典。

第三章

城起

长安城几乎是一座全新的城市，随着新帝国的缔造而乍现于渭河南岸。巍峨连绵的宫城、规矩整齐的街道、鳞次栉比的里居，无一不显示着帝国的恢宏气象和统治理念。罗马帝国建立时，那座与帝国同名的城市已沿用数百年，终帝国一世亦以其为都，未有太大更改，虽然受到旧格局的制约，却留下了永恒的城市记忆。

第一节　新都的建立

帝国建立后，面临的首要问题就是把作为帝国中心的都城定在哪里。刘邦称帝以后，最初以洛阳为都。他的股肱之臣们多来自关东，也属意于将这里定为新帝国的都城。

何处是长安

高祖五年，一位叫娄敬的齐人向皇帝建议迁都关中。他认为，假若此时是承平之世，洛阳自然更适合做都城。然而现实情况是帝国甫立，秦末遗留的乱局未息，因此帝国政权所面临的最关键和最紧迫的问题是如何保证权力中心的安全。关中无疑是最佳之选。所谓关中，指的是汧河、雍、黄河、华山之间的平原地带。

起初刘邦对娄敬的建议不以为然，他并不希望舍弃传统的王都；作为一个关东人，他也不太愿意留在关中。张良却对娄敬之说深表赞同，他认为洛阳虽有军事之利，但地方狭小，土地相对瘠薄，又有诸敌环伺。反观关中之地，被山带河，有四塞之固，易守难攻，具有天然的军事优势；北、西、南三面皆无强敌，唯独东面有受到威胁的可能，比较容易应付。何况关中经过秦人的经营，交通、水利无不便捷，又有富饶的巴蜀平原作为后援。再加上地势开阔，都城将来的发展必不受限。假若定都于此，局势安定时，漕运畅通，天下粮草皆可西给京师；一旦诸侯叛乱，则顺流而下，也可以获取充足的粮食供应。

于是，即将开创两百年基业的西汉开国皇帝，在张良的一番话后，将政治中枢定在了关中，选址在秦都咸阳的渭南之地，取名长安。从战国时期开始，秦人便在此修建离宫，秦社稷也在这里。刘邦为汉王时，便已废秦社稷，改立汉社稷。社稷是土地的象征，在农业社会即代表着权力，社稷的改换即象征着权力的替换。

长安城的营建由萧何主持进行，最初主要是对渭南离宫改建和翻新，章台所在成了未央宫前殿，兴乐宫所在成了长乐宫——咸阳南郊的这一组离宫在后来的两百余年间成为整个大汉帝国的政令所出之处。接着，北宫、武库和太仓等一一建起。惠帝即位不久，征发了将近 15 万人修筑城墙，一年而成。武帝在位期间大治宫室，长安内外变成了繁忙的建筑工地。城内建桂宫和明光宫，扩建北宫，并在未央宫、长乐宫中增修各类建筑，城郊筑建章宫，起上林苑。宣帝之后的皇帝和权臣们又依据儒家理念在城郊大起礼制建筑，如南郊的明堂辟雍、灵台和太学等。

罗马城不是一天建成的

相对于汉王朝再三推敲的定都过程来说，罗马帝国的都城对于统治者们来说完全无须考虑——自然是罗马。沿用一座已经使用了700多年的城作为首都，理所当然。这座城直到今天仍然是意大利的首都。

罗慕路斯通过鸟占术赢得了建城权，这是一种通过观察天空中飞鸟的轨迹、数量等现象来进行占卜的神秘巫术，选定的帕拉蒂诺山顶平地被认为和神达成了契约，从天空到地面以及地下的整个空间都受到神的庇佑。随后，建城者举行了另一项庄严的仪式，以犁铧耕开的沟作为这片神圣空间的边界。边界内存在一些禁忌：第一个禁忌是武器及其所象征的战争，也因此不能出现战神神庙及雕塑，唯独举行凯旋式除外；第二个禁忌是代表死亡及不洁的墓葬，除了因失贞被处死的贞女墓。在神话中，罗马建城日是公元前753年4月

21 日，至今在每年的这一天，罗马都会举行纪念仪式，演员们装扮成古罗马人进行建城游行。2000 多年来，仪式一直是在城中心区的罗马广场旁举行的，现实和历史就这样在时光的两头对接。

　　神话虽可以反映部分现实，但并非完全现实。在一次考古发掘之后，罗马建城的神话渐渐还原其历史真实。帕拉蒂诺山东北坡上发现了一段城墙，建成年代大概正是公元前 8 世纪中晚期。虽然城墙已成废墟，但学者们还是能释读出很多信息。譬如在距今约 3000 年的时候，工具简陋、人口稀少，是谁有效地组织起一群人从远方运来巨石，筑起这样一

罗马建城日游行

道墙？墙内外的空间具有何种差异，而需要用这样一道固定的界限区分开？墙内外的人们又为何能一致认可和容忍这道界限的存在？这一系列问题的背后隐隐指向一个权力中心：城墙的规划者意识到需要利用这道实体界限来强调他们所拥有的特殊空间。这正与传说中罗马王政时代的开端契合。

公元前7世纪晚期，台伯河上搭建起第一座木桥，入海口设置码头，河岸边聚起仓库与市场，帕拉蒂诺山下的沼泽改造成广场，西南的山谷辟为赛马场，坎匹多伊奥山上矗立起神庙，最早的罗马城慢慢成形。公元前6世纪，围合这座"罗马方城"的城墙竣工。

共和国建立后，罗马广场成为市民中心，城内最重要的宗教、政治、商业和纪念建筑都集中在其周围。公元前4世纪初，高卢人火烧罗马，城区仓促重建，城墙完全重建并加以延长。接下来的两个世纪，坎匹多伊奥山和帕拉蒂诺山上渐渐被神庙和贵族住宅占满。公元前2世纪，共和国确立霸主地位后，物资和人口源源不断进入罗马，执政者们得以打造一座足以媲美甚至超越希腊雅典和埃及亚历山大的地中海中心之城。道路、水渠、港口和仓库等基础设施应激增的需求而建成，大型居住区和多层公寓出现，贵族热衷于在各个繁华地带出资修建柱廊、园林和神庙等公共建筑以彰显自己的地位、财力和政治形象，云集罗马的希腊顶级艺术家们设计并建造了大部分雕塑和建筑。

恺撒执政期间，意图翻新罗马城的整体外观，虽然宏大规划随着独裁者的遽然离世而终止，却在一定程度上决定了后世罗马城中心区的布局：被烙上恺撒个人和家族印记的建筑改变了罗马广场的共和性质，修建恺撒广场的创举更是开帝国元首们为自己建造广场之先例。

奥古斯都在位的 40 余年间是建筑活动最频繁的时期之一。他保留了罗马已延续七个多世纪的基本面貌和重要建筑，却又在这座城中烙下元首制的印记。《罗马十二帝王传》中写道："奥古斯都得到一座砖做的罗马城，却留下一座大理石做的罗马。"亚平宁半岛并不是大理石的产地，善于设计和修建大理石建筑的能工巧匠们也不在这里，只有一个统一的帝国和一个有效的威权，才能保证覆盖罗马城的那些闪闪发光的并使之永恒的大理石和建筑师从希腊、埃及各地汇聚而来。从奥古斯都开始，罗马广场上布满与元首及其家族相关的符号，帕拉蒂诺山为元首的宅邸所独占，元首家族的陵墓样式成为不可复制的特例，修建广场、剧场、神庙、拱门、赛马场等大型公共建筑和纪念建筑成为元首的特权。

公元前 2 年以后，罗马经济陷入困境，建筑活动明显减少。直到尼禄上台，以公元 64 年大火灾为契机大兴土木，重建规整的新城区，拓宽道路，新建大市场和尼禄浴场，占用城中心的大部分区域修建黄金屋。

到了弗拉维王朝，其早期统治者致力于将尼禄私人侵占的土地归还给公众，拆除黄金屋并改建为斗兽场和浴场等公共设施。图密善对建筑活动也很狂热，重建并新修大量神庙，引入希腊式的体育场和音乐厅，在帕拉蒂诺山上营造奥古斯都宫；并在罗马广场中心为自己铸造青铜骑马雕塑，此举被认为是专制的表现之一，在他死后，雕塑立即被拆毁。

2 世纪初的人口增长引起城市扩张，多层公寓和市场、仓库、浴场、港口等公共实用建筑随之蜂拥而起。图拉真在城中心修建了一座豪华市场和一座颂扬自己军功的广场。哈德良修建了新的元首家族墓葬——安东尼陵，并在蒂沃利建造了别墅。

塞维鲁王朝时期，比较重要的建筑有城郊的老希望女神庄园、帕拉蒂诺山的埃利奥伽巴罗神庙和战神原的太阳神庙、卡拉卡拉浴场和奎里那勒山的塞拉匹德神庙。由于严重的社会经济危机，3 世纪的建筑活动明显放缓并几乎停滞。为增强罗马城的防御能力，奥勒良修建了一道新的城墙。

第二节　历史的蹊跷

他们是否纵火？

在研究历史的时候，史书，尤其是那些由权威人士编修的史书，总是令人盲从。但是经验告诉我们，即使公认为最公正、最接近权力中心的作者也未必能看到或记录下历史的真实。

项羽和尼禄大概就是这样蒙上历史不白之冤的。在司马迁的《史记》里，刘邦手下的臣子在议论汉王、楚王二人得天下和失天下的缘由时，曾提到项羽焚毁了秦的宫室。他们并没有明确指出项羽到底焚烧了哪里。在后来的历史里，流言在时空中叠加、传播，越来越多的人逐渐相信，正是这位残暴的西楚霸王下令焚毁了秦宫。这场流言经由杜牧的《阿房宫赋》而深入人心。然而考古学家们惊奇地发现，杜牧笔下那"覆压三百余里，隔离天日"、"五步一楼，十步一阁"的阿房宫甚至都没有修建成，又何来的"楚人一炬，可怜焦土"？

尼禄是罗马帝国著名的暴君，诉诸笔墨的正史和野史都记录了他的不少罪名。公元 64 年的罗马大火被认为是他的滔天罪行之一。有人认为，这场火灾的起因是奢华的尼禄不满意那座使用了几百年的罗马城，企图将罗马烧掉，重建一座新罗马，以开创比肩亚历山大和奥古斯都的功绩。时至今日，这仍然是一个意大利人耳熟能详的典故，街头的促销广告常常会出现这样的用语："尼禄烧掉了罗马，我们烧掉了价格！"但是，有考古学家发现了其中的蹊跷。他们在属于这个时期的罗马遗址中并没有发现像传说中那么多的火烧和新建痕迹。据塔西佗、苏维托尼乌斯等古罗马史学家记载，尼禄时期的这场大火将罗马十四个区中的三个区完全烧毁、七个区严重损毁。然而在罗马城属于这一时期的遗址中，存在焚烧和修复痕迹的建筑远远没有这么多。而所谓"尼禄的新罗马"，来自考古学的证据也比较不足，他在位期间建筑活动虽然频繁，但基本都控制在城中心的帕拉蒂诺山、维利亚山、奥匹亚山和切利奥山一带，并没有如史家所称般改动罗马城的整体格局。

信息不对称

西汉离出现《清明上河图》、《姑苏繁华图》等市井风俗画的时代尚远，我们只能通过文字还原当时长安城的繁华图景。东汉时期的班固和张衡分别作《西都赋》、《西京赋》，这些华美辞藻堆砌出了一个如梦似幻的锦绣长安。但在实物方面，长安城的土木建筑，经过千年风雨的洗劫，只留下一些倾圮的土台废墟，上层建筑的情况全凭同时代的文献、墓葬中的图像和建筑明器，在想象中复原。其实长安人并不是不能修建砖石建筑，从西汉开始出现石材的墓葬，到东汉以后砖石墓葬的建筑技术已经很高超了。但是我们现在参观明清故宫就能发现，皇宫仍是以土木结构为主——生死殊途，老祖宗们在建筑问题上就是这么任性。

而罗马则要幸运得多，不但有《十四区志》这样详细记载城内重要建筑数量、名称和位置的文献，还有塞维鲁王朝留下的一幅大理石古罗马城平面图。古罗马人追求纪念建筑和公共建筑的永恒，这使得我们现在还能看到诸如斗兽场、万神庙、图拉真纪功柱、提多拱门、图拉真市场以及大大小小神庙的原貌。虽然它们的表面装饰有剥蚀，但是比起长安城的命运，可谓云泥之别了。数百年来，许多欧美学者都致

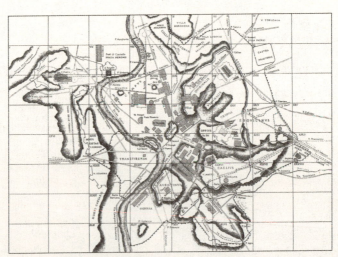

兰切亚尼，塞维鲁古罗马城平面图

力于还原一个真实的罗马城，最早的时候他们用轻便的材料制作实物模型，现在则是重建了罗马城的 3D 数字模型。在世界的任何一个角落，只要轻点鼠标，便可以在这个叫"Rome Reborn"的软件上徜徉于 3 世纪的罗马城。

第四章

长安和罗马都采取了"城区—城郊—卫星城"
的三级城市结构布局。长安城的分区整齐划一、
等级森严，卫星城是基于礼制和"强干弱枝"政
策形成的五陵邑。罗马城的分区则是嵌错式的，
卫星城是满足都城物资需求的商业港口集散地。

分区

第一节 八水长安与七丘罗马

长安城所在的关中地区南倚终南山，西有陇山，东有崤山，北有岐山、巇嶭诸山。关中平原是黄土高原的一部分，自陇山之东到华山之下、黄河之滨连绵不绝的塬间有泾、渭、灞、浐、丰、镐、潏、潦八水。司马相如在《子虚赋》中如此描写这幅壮观的画面："荡荡兮八川分流，相背而异态。"水系丰富的自然环境，再加上温暖的气候和充沛的雨量，故沃野千里的关中平原在当时被称为"天府"。

而罗马城地处阿布鲁佐亚平宁山脉和台伯河之间的平原，是亚平宁半岛海路、河运和陆路交通的中心，亦是埃特鲁里亚、法里希和拉丁文化的交界地带。它毗邻海岸线，通过几个港口的修建，掌控了海路运输。台伯河对两岸的侵蚀形成了一系列半岛以及相连或孤立的山丘，河谷使得上溯至亚平宁山脉的交通更为便利。河流在城西的战神原转折后流速减缓，形成河心洲，即台伯岛，这是一处良好的涉渡点。河东岸分布着帕拉蒂诺山、坎匹多伊奥山、奎里那勒山、维米那勒山、切利奥山、埃文蒂诺山和俄斯奎里诺山七座丘陵，这是罗马主要的城区所在，因此罗马又被称为"七丘之城"。

第二节　三辅舆图

　　长安实际上是一个具有弹性的地名，根据汉三辅都尉掌管的范围来看，在郊区和帝陵陵邑居住的民众被计入长安户籍资料中。那么，从这个含义上来说，大长安指的是一个包括了陵邑、城郊和城墙内空间的地域，这是广义上的长安。而大多数史书里所说的长安，是那个城墙之内的长安，这是狭义上的长安。

　　城墙内的长安面积约 36 平方公里，8 条城门大街将其划分为 11 个规整的区域。未央宫、长乐宫、北宫、桂宫和明光宫等皇家宫室占据了城内的绝大部分土地。未央宫和长乐宫雄踞龙首山北麓的制高点，桂宫、北宫和明光宫等"亚宫城"的地势也略高于城内的其他区域。官僚贵族多住在未央宫北部和东部，京城官员的办公机构——官寺则散布于城内各处，地方郡国的"驻京办事处"官邸也在未央宫附近。东市、西市在西北角，中下层吏民居住的闾里在东北角地势较低处。手工业作坊根据官营和民营的性质，各自依托宫城、市和闾里而分布。

城墙外的北郊是除了文帝、宣帝外的 9 座帝陵和地郊等少量礼制建筑，东郊和南郊主要是中下层平民墓葬，文帝霸陵和宣帝杜陵也在其中。达官显贵及其家族通常陪葬在帝陵周围。南郊有明堂辟雍、宗庙、太学、社稷、天郊和灵台等一大批礼制建筑，以及专供皇家和国家祭祀之粮的籍田。西南郊则为建章宫和上林苑等皇家离宫苑囿所占据。西北郊临近水陆干道，分布着几个市。城郊还有一些田地，像武帝时的魏其侯窦婴在长安城南就占有大片田地。

居住于帝陵附近陵邑的大部分非皇室中人，包括来自全国各地的高官、豪强和贵族等，邑内是他们的闾里和市。

长安城在建造之前经过精心规划。近年有考古学家运用全球定位系统 GPS 测量方法对长安城及其周围的重要遗址进行了调查和测量，发现汉长安城存在一条长达 75 公里的南北建筑轴线，从南到北依次穿过终南山子午谷口、安门、高祖长陵、谷口天齐公祠和五帝祠，可谓布局规整。

第三节　十四区志

罗马城区即神圣边界之内的空间，大致与塞维鲁城墙内的空间重合。帝国时期的塞维鲁城墙并不设防，除了行走时要多绕上一段路从城门通过以外，墙并不造成内外截然的分界。直到3世纪修建奥勒良城墙以后，情况才有改变，后文将会提到。城区与城郊的区别大概只在于前者有针对战争和墓葬的禁忌。正如长安有陵邑作为它的 "卫星城" 拱卫在侧，罗马也有自己的 "卫星城" 奥斯提亚。地处入海口的奥斯提亚是海运货物的集散地，对于依赖进口商品的罗马城来说，这是不可缺少的存在。

罗马城，包括城区和近郊在内，可以分为城市中心区、公共生活区、码头商业区和住宅区。城市中心区即坎匹多伊奥山、广场谷和帕拉蒂诺山。坎匹多伊奥山是宗教中心，集中了最重要的国家祭祀建筑物；广场谷是政治宣传和纪念中心，象征着罗马帝国的统治理念，承载着帝国的荣光，罗马广场和帝国广场都在此处；帕拉蒂诺山则是行政中心，是皇帝们专属的宫殿区。

塞维鲁城墙外西北角的战神原南部是罗马市民的公共生活区。在帝国之前，这片平原上就已经遍布祭坛、围廊、神庙、赛车场、马戏场。帝国时期更是在此修建了剧场、浴场、万神庙、和平祭坛、体育场、音乐厅等各种公共建筑。这里是罗马人娱乐、运动和消磨时光的最佳去处。

台伯河流经埃文蒂诺山的一段沿岸是罗马城的码头商业区。河岸边分布着码头、仓库和市场，住宅区散布在几座山丘之上，东岸几乎全被皇帝和贵族们占据。除了切利奥山、俄斯奎里诺山、奎里那勒山外还有一些平民区，平民多数住在河西岸，但是临河和山上景观好的地方也被贵族们的别墅占用。我们来看看除帕拉蒂诺山以外其余六丘以及河西岸的情况。

切利奥山在王

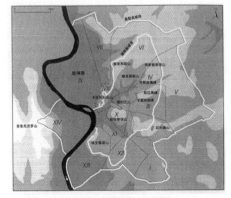

J. 科斯顿和 H. 道奇，罗马城十四区图

政时代是开展森林与泉水（尤其是宁芙女神）祭祀的区域，由于大部分都在神圣边界外且建有大量外来神祇的圣殿，故这些建筑一直保留到帝国时期。北坡遍布平民的多层公寓，山顶则几乎成为皇家居住区。克劳狄奥皇帝神庙、大市场都在这里。该山的另一个重要特性是作为军营屯戍地，驻有消防队第五支队军营、两座精锐骑兵营和一座异族军营，时至今日该区仍保持这种特性。

俄斯奎里诺山由西部的维利亚山、南部的卡里纳俄峰、东部的欧匹奥峰和北部的齐斯皮奥峰构成。这里是罗马城内最早出现人类聚居点的地区之一，也是城中人口最多的区域。平民聚居在俄斯奎里诺山西部的山坡和山谷，著名的平民区苏布拉区就在这里。俄斯奎里诺山的东部遍布贵族的别墅和花园，朱利奥—克劳狄亚王朝将整个园林区都收归皇帝所有，建起了皇家别墅，尼禄用"过渡宫"将这里与帕拉蒂诺山宫殿区连接。山上神庙较少，其中一些年代久远的神庙具有平民化的特性，维利亚山有月亮女神神庙和处女幸运女神神庙，卡里纳俄峰上是大地女神神庙和城市行政长官官署，齐斯皮奥峰有生育女神朱诺神殿、泉神神庙和医疗者密涅瓦神庙，此外还有贝罗娜、伊西斯和塞拉匹德、密特拉等中亚和北非宗教的神殿。该区的公共纪念物较少，大部分是实用建筑，如帝国铸币所、莉维亚市场、提多浴场、图拉真浴场、书店、纸仓库等，以及大量小浴室和宁芙殿。

奎里那勒山最早的居民是萨宾人，"奎里那勒"一词即源自萨宾的奎勒斯城。帝国时期这座山基本被住宅占据，但也有大量重要的宗教建筑，如农神桑库斯与誓言女神神殿、奎里诺（罗慕路斯）神庙、百花女神神庙、健康女神神庙、维纳斯神庙、赫拉克勒斯神庙、弗拉维皇帝家族神庙以及平民贞节女神神殿、幸运女神神殿、希望女神神殿等，还有塞拉匹德神殿、密特拉神殿等外来信仰的建筑物。山上的居民社会阶层混杂，北边接近平齐奥山的区域被贵族别墅占据，提比略时期归皇帝所有，山的东部则是平民区。

维米那勒山基本上是贵族居住区，宗教和公共纪念建筑很少，只有消防队第三支队前哨所、阿格里庇娜浴场、古帕特里奇乌斯巷浴场、涅尼娅神殿和月亮女神神殿。提比略时期在塞维鲁城墙外修建了禁军营。

平齐奥山古称花园山，遍布贵族别墅。奥古斯都时期修建了维帕萨尼亚围廊、阿格里帕别墅、消防队第一支队前哨所和猪肉市场等。2 世纪的时候，拉塔大道沿路成为密集的居住区。273 年，奥勒良在此修建了太阳神庙。

埃文蒂诺山在早期由于其地理位置成为商业区，常有外国商人进入。虽然这座山在塞维鲁城墙内，但直到克劳狄奥皇帝才将其并入神圣边界内。共和国时期的法令规定这座山是平民的公共财产，因此遍布与平民、外国人相关的建筑。帝国时期成为贵族聚居区。由于人口密集，山上建有大型公共浴场设施，著名的卡拉卡拉浴场就在这里。山上的神庙建筑还保留着原先的平民和异国特色，有月亮女神、平民三主神以及密涅瓦等神庙，也有月亮神殿、多利克的朱庇特神殿、密特拉神殿和伊西斯神庙等外来祭祀场所，而且很早就居住有基督教徒。

台伯岛和台伯河西岸主要是平民区，居住着陶瓷工、皮革制造工、象牙制造工、细木工、磨坊工、搬运工、砖瓦工等。从共和国末期起，叙利亚人和犹太人就在此聚居，这里有罗马最古老的犹太人墓地。但河岸、山坡和山顶也有贵族的别墅和花园。台伯河畔有对全体公民开放的恺撒公园。该区的平民特性也表现在祭祀场所中除了迪亚岛女神、幸运女神、死亡和恐怖女神、泉神等，更普遍的是近东神祇，如太阳神庙、翠贝拉和伊西斯神庙、古叙利亚女神神殿，可能还存在过犹太教堂。

第五章

城墙在长安是一道实体的界限，在罗马却是一
道象征的界限。这两座城市都是帝国交通网络的中
心，也都是依赖粮食"进口"的城市。长安依靠政
策保障源源不断的粮食供应。罗马则主要依靠往来
不息的海外商船。在供水方面，双城各施所能，一
个靠地下的水渠，一个靠空中的水渠，解决了都城
的用水。

第一节　城之为城

我们现在的城市周围并没有一道将城内外截然分开的凝固的界线，城市的界线只在地图上出现。如果留意的话，能看见路边的一块小小界石，或者是头顶上巨大的标语牌，这些都提醒我们离开或者到达一个城市。而对于长安人来说，城内和城外的界限是如此之明显，深阔的壕沟、高厚的城墙，这些都是城之所以为城的最重要标志。

长安的城墙除了被作为行政界限并具有军事防御功能以外，还具有标志它在帝国城市体系中占据至高地位的礼制含义，彰显着天子都城的规格和气派。

城内土地皆为黑壤，城墙是用城南龙首山上挖来的黄土夯筑，夯得十分结实，坚固程度可与砖墙相比。墙面上涂一层掺和麦秸的草泥，外面再涂一层坚硬的朱红色细沙泥，号称"赤如火，坚如石"。城墙外环绕壕沟，宽 8 米、深 3 米，从城内延伸出来的八条大街跨过壕沟之处皆架有石桥。

城墙周长 25700 米，约相当于汉代的 62 里多，围合面积 34.39 平方公里。东城墙和西城墙走向笔直，北城墙和南城墙则比较曲折。这种奇特的形状引发了后人的许多猜想，东汉末曹魏初的人将长安城叫"斗城"，认为南、北城墙的形状分别与南、北斗相似。自元人李好文以后，许多人都认为此说纯属牵强附会，他们提出长安城南北城墙的屈曲是对自然环境的迁就，南城墙沿龙首山之势，北城墙顺渭河之流，均非有意为之。但现代有学者将城墙形状与天体星图相比照，分析测量数据后认为两者似乎相吻合，南、北城墙取法南、北斗未必不可信。更有人认为西汉都城的整体布局都是对天象的模拟：长安城的南北建筑轴线象征黄道，渭河象征银河，未央宫象征紫微垣，城南有"天阙"（安门），城北有"五星聚井"（天齐祠和五帝祠）。但这并不是定论。

长安城一共有 12 座城门，东南西北每面各三门。东面从南到北为霸城门、清明门、宣平门。霸城门，老百姓见此门为青色，都称它为青城门或青门。景帝时有一群青雀飞到城门上，又称为青雀门，后来在城门上安装了雕刻精美的木窗，青雀飞走，便改称青绮门。清明门，因为城门内有籍田仓，又称籍田门，或称凯门、城东门。宣平门即民间所谓东都门，长安人到灞桥上迎来送往，都要经由此门出入。

南面从东到西为覆盎门、安门、西安门。覆盎门之南为杜陵，故又称杜门，也因其北对长乐宫，亦称端门。安门，也称鼎路门，北对武库。西安门紧邻未央宫，出入宫禁的车骑、行人经常由此经过。

西面从南到北为章城门、直城门、雍门。章城门也称光华门，武帝时在此门外建桥修路直通茂陵，因此又称便门。直城门，或称直门。雍门，亦称西城门、光门、突门，因为与函里相近，也称函里门。

北面从西到东为横门、厨城门、洛城门。横门外有横桥。厨城门，因长安厨在门内而得名。洛城门，又称朝门、利城门；因门外有武帝放置承露盘的鹳雀台，也称鹳雀台门；可能因为正对高祖长陵，亦称高门；又因城门外渭水边上有客舍，也称客舍门。

12座城门中，只有东面的霸城门、清明门、宣平门外有阙。但以正对未央宫南门的西安门和正对长乐宫东门的霸城门规模最宏伟，城门以夯土起筑，土墩边密排石础，础上立木柱，之上再盖门楼。城门内侧紧靠城墙处是城门候和城门屯兵的住所，负责城门的开关和安全。这些城门都掩映在扶疏林木间，气势恢宏，可容12辆车并行，一门三道，中间的门道专供天子使用，行人左出右入，熙熙攘攘却秩序井然。

　　早期罗马帝国的都城是一座不设防的城市，虽然也有城墙，却是一道已经沿用了 400 年的旧墙，如果从它最早的建造时间算起，它比帝国大了整整 600 岁。在这数百年的时光中，罗马的各种建筑早已漫出了城墙之外，所向披靡的军团铁骑带来亚平宁半岛的和平，城墙也因此失去了防御功能。在帝国公民的心中（或者早在共和国晚期就已经是这样看待这道城墙了），它是历史的纪念物，是神圣边界的标志，是十四区的分界线，唯独不是城内和城外的区分。

　　公元前 6 世纪，塞维奥·图里奥国王在防守薄弱的罗马东北部平地修建了一道城墙，并与其他山丘原先的防御设施相连接。公元前 4 世纪城市遭受高卢人的洗劫后，城墙被重修并延长，这就是在帝国时期仍然矗立的塞维鲁城墙，它的名字由最早的修建者塞维奥的名字派生而出。因为是先有城，再有墙，城墙修建的初衷是用最经济的方式将所有需要保护的建筑都环卫其中，因此城墙的平面形状极不规则，总长约 11 公里，围合面积约 4.26 平方公里。城墙主体高约 10 米、厚约 4 米，石材为本地的凝灰岩，北段用土墙加固，某些地段设有城壕，西边有一小段则直接用台伯河作为天然屏障。在今天罗马市的中央火车站等地方，还可以看到城墙遗迹。

城墙共设 16 座城门，从西南角开始沿顺时针方向，依次为三城门、江河门、卡尔蒙塔门、泉之门、桑库斯门、健康门、奎里那勒门、科里纳门、维米那勒门、俄斯奎里诺门、奎尔奎图纳门、卡厄利蒙塔纳门、卡佩纳门、纳维亚门、青铜门、拉威尔娜门。早期城门只有通行功能，奥古斯都时期将其中一些改建为纪念拱门。

修建年代最早的是卡佩纳门，原名卡麦纳，与附近的森林同名，后来因通往卡佩纳的大道由此经过而更名，后并入塞维鲁城墙。随后是科里纳门、维米那勒门、俄斯奎里诺门、奎尔奎图纳门、卡厄利蒙塔纳门，均建于公元前 6 世纪，名字均来自古山名。其他城门都建于公元前 4 世纪，卡尔蒙塔门、桑库斯门、健康门、奎里那勒门、拉威尔娜门得名于城门附近的神庙或祭坛。纳维亚门取自纳维伊森林。另有一些城门名字取自本身的建筑结构：三城门上有三头的卡可大盗雕像，神话中他正是在这附近偷了英雄赫拉克勒斯的牛群；青铜门用青铜板或折叶加固。唯一特殊的是江河门，由于常遭水灾而得名。

3 世纪的罗马帝国风雨飘摇，蛮族屡屡进犯，罗马不再是不设防的城市。271 年开始，奥勒良皇帝下令修建一道新城墙。城墙全长 18.837 公里，走向全面考虑了地形、战略和经济因素，由于要在短期内迅速组织起一道有效防线，因而并入了许多建筑，连接了几座山丘，并避免将大型建筑留在城外。城墙由混凝土修建，用旧砖砌面，厚约 3.5 米，高约 6 米，军事防御性大大加强，内侧有哨兵通道，每 100 步（约 29.6 米）设一座配备弩炮室的正方形塔楼。为了解决卫兵们的生理需求，城墙上还设有公共厕所。

城门共 17 座，主要分为三类：第一类为双拱式，石灰岩砌面，两侧有半圆形塔楼，包括阿匹亚门、弗拉米尼奥门、奥斯提恩塞门和波尔图恩瑟门四座主城门。第二类为单拱城门，亦有塔楼。第三类是不配备塔楼的单拱城门。从西南角开始，沿顺时针方向依次为奥斯提恩塞门、波尔图恩瑟门、

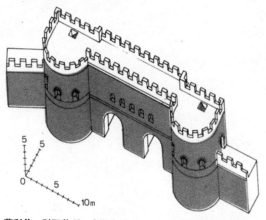

菲利普·科阿莱利，奥勒良城墙阿匹亚双拱式城门复原透视图

奥勒留门、塞提米阿纳门、凯旋门、科尔涅里亚门、弗拉米尼奥门、平齐奥门、盐路门、诺曼图姆门、封闭门、提布尔门、普拉俄涅斯特门、阿西纳里亚门、麦特罗维亚门、拉丁纳门、阿匹亚门、阿尔德阿门。除凯旋门和封闭门外，其余都以穿过城门的道路命名。

第二节　八街九陌与条条大路通罗马

长安八街九陌

长安是帝国交通网络的中心，水陆干道由此向外辐射，保证统治机构运转和都城物资供应的顺畅。向东，函谷道沿渭河南岸直通黄河下游和江淮之间，北可出辽东，南可下闽越；武关道由丹灞谷地往南可至荆襄及岭南地区；蒲关道自蒲津渡黄河，北向汾晋、雁代。向南，子午道和傥骆道贯穿秦岭，经汉中入蜀。向西，渭北道沿渭河北岸和漳河岸至雍县（今凤翔附近）后向西北和西南分为两支，前者为回中道，越陇山，经河西走廊而至西域；后者为由关中入蜀的陈仓道，它东面是褒斜道，也是入蜀要道之一。向北，有直道通往塞外。

城内的道路号称"八街九陌"，所谓八街即香室街、夕阴街、尚冠前街、华阳街、章台街、藁街、太常街和城门街。

八条城门大街规整端直，各由两条排水沟分为并行的三股道。两侧各宽 12 米，供一般吏民行走；中股道宽 20 米，并且有抹泥地面，是天子专用的驰道，即便是储君，无令也不得擅自行走驰道。若擅入驰道，会被没收车马并免爵，即使得到允许行走驰道，也只能靠边走，不得进入中间的三丈。成帝刘骜为太子时，住在桂宫中，一日逢元帝急召，太子出桂宫南门龙楼门后，不敢穿越驰道，一直绕到长安城西的直城门才穿过大街，从未央宫北面的作室门入宫。这样一来，便耽误了时间，元帝询问他为何迟来，太子据实以告，元帝大悦，才下令允许太子穿越驰道。这种交通规则给官民生活造成了极大的不便，由于无法穿过大街，有时要走上很长的一段路，甚至要绕到城门口，才能到路的对面。直到平帝元始元年，才将三辅之内的驰道废止。城门大街上的排水沟又称御沟，水畔遍植杨、柳、槐、松、柏。

城墙内侧还有环城道路，称为"环涂"。连接里与里之间的公用道路称为"巷"，各闾里内的小路亦称为"巷"，此外还有沿着溪水、沿着树木的巷，称为"谷巷"、"树巷"。这些路都是不能侵占的，否则会被罚金二两。

当时有不少贵族和高官都住在长安北郊和东南郊的陵邑中，日常在长安城内办公，假日则回陵邑居住。杜门大街与横桥大道分别通往杜陵和渭北，是连接长安与陵邑的要道。

长安城内的道路虽然宽阔，却都是土路，风天尘土飞扬，雨天泥泞难行，连天子的驰道也常常崩坏需要修治。

对八水环绕、王渠周流的长安来说，桥是必不可少的。长安十六桥中以灞桥名声最大，唐代折柳赠别的灞桥便是沿用了这座汉代古桥的名字，作为横绝灞水的唯一桥梁，从长安到函谷、武关和蒲关都必须经过灞桥。灞桥原

（明）沈周，《灞桥风雪图》

为木桥，王莽地皇三年发生火灾，数千人参与扑火，桥依然被毁。灞桥重修后一度更名为长存桥，但在文学绘画作品中，仍常见灞桥身影。

61

条条大路通罗马

在罗马城，"条条大路通罗马"不是哲理，而是现实。公元前20年，奥古斯都在罗马城中心设置黄金里程碑，作为亚平宁半岛上所有重要道路的起点，这根覆盖镀金青铜的大理石圆柱上铭刻了它们的里程。长且直的军事、政治和商业要道被称为"大道"，修建时间大多可追溯至前帝国时代。它们通往亚平宁半岛的各个重要城市，路名或取自所到达的终点，如通往阿尔德阿城的阿尔德阿大道；或取自其主要功能，如运盐的盐路大道；或取自周边居住的人群，如拉丁大道；或取自修建者的名字，如阿匹亚修建的阿匹亚大道。

罗马城内道路纵横，路旁设有里程石，尽管它们中最宽敞的大道也远逊长安城的大街，但是这些用石块、砾石、石板层层铺就的考究道路，可使行人免遭尘土、泥泞之苦。罗马城内最重要的一条道路名为神圣大道，连接了罗马广场和元首宫殿区，路名可能源自其为宗教游行路线，可能是因为沿路分布着罗马最神圣的建筑，也可能是道路本身具有某种神圣的本质。其他一些次要的道路被称为坡、巷、楼梯或阶梯，许多不太重要的道路甚至并未铺上石板，尽管共和国末期就有法令规定，路旁的居民应当给所在路段铺石板并有义

庞培城的道路，公元 79 年

务维护。只有特别重要的道路才有名字，所以地址不易确定，人们需要记住附近的公共建筑或是自然地形。

罗马城的路上常常摩肩接踵、水泄不通。富人们的抬轿工们野蛮地穿过人群。由于都城白天禁止大部分的车辆通行，所以很多重物只能靠奴隶们搬运，路上常常能看到肩扛或头顶着大包袱的奴隶们。不仅如此，道路交通还被商店摆在外面的货物和手工业者们在街上摆设的摊位弄得更加拥挤，因此图密善皇帝在公元 92 年曾颁布一项法令禁止开展这些活动。

台伯河将罗马一分为二，早在共和国时期，河上就已修建了七座桥，最早的时候是木桥，公元前 2 世纪以后建造的都是石桥。帝国的都城渐渐扩展到河西岸，新区的范围甚至比原来东岸的城区要更大。元首们纷纷新建桥梁，初衷是连接自己在河对岸的私产，但无形中便利了两岸的交通。有些桥迄今仍横跨台伯河，罗马城最著名的圣天使桥就是其中之一，这原本是 134 年哈德良为了连接自己家族陵墓而建的石拱桥，中世纪时哈德良陵墓被改成圣天使堡，哈德良桥也被改造成桥上立着天使雕塑的圣天使桥。

第三节　粮食供给

漕挽天下

吕后、文景帝年间，每年都城所需粮食数十万石，土地肥沃的关中尚足以自给。武帝之后，长安城的官吏和徒役人数都大幅增加。平帝元始二年，京兆的人口已超过 68 万，长安县就有 8 万余户、24 万余口。哀帝时，在京官吏有 1 万多人，再加上驻守京师的军队，如果按照每人每月一石半粮食的配给标准，那么国家粮仓每月单是支付在京公职人员的粮食就超过 3 万石，还没有包括皇室成员和内侍奴婢所需。至此，关中地区每年所产的 400 万石粟已不足供给。

但在武帝统治之初，中央对地方的控制力有限，有些势力强大的诸侯王拥国自重，与中央分庭抗礼，并不向中央缴纳粮食。从武帝中期以后到宣帝年间，通过武力和怀柔政策削弱了地方诸侯的势力，天下之粟才能通过漕运从今天的山西、河南和江淮地区源源不断运到京师。

漕运的主要途径是渭河和漕渠。秦汉时期的气候较现在温暖湿润，中上游森林还未受到破坏，渭河水量充足，宜于航运，尤其是楼船等大型船只的通行。但是渭水河道过长，多有难行之处，武帝元光年间，花费三年时间，征用工卒数万人，开凿了长安至华阴的漕渠，主要从昆明池引水，兼纳灞、浐等水，极大地便利了长安与关东的水路交通，同时也使漕渠经行的关中地区农田得到灌溉，更加肥沃。据推测，泾河、洛河的某些河段可能也曾做过航道。

京畿地区的粮食大部分储存在皇室粮仓和国有粮仓中。皇室粮仓是皇室成员和内廷各部门的私藏，供其消费或赏赐之用，太皇太后、太后、皇后、太子和少府都各有粮仓，离宫苑囿（如上林苑）亦有仓。

国有粮仓包括长安的太仓和籍田仓、云阳的甘泉仓、渭北的细柳仓和嘉仓，以及华县的华仓等，它们的收纳支出、储藏保管、校验防卫等都有严格的规章制度，有关储运都由中央统一调配管理，基本用于供应京师消费和支持西北军备。太仓在长安城东南，受纳天下租谷，供皇室、百官和宿卫京师的军队之用。籍田仓在清明门内，储藏籍田所产的粮食，专供皇家和官方祭祀之用。甘泉仓在直道与泾水交汇处，粮谷多于此地转运。细柳仓、嘉仓都设在长安西北郊渭北的军事要冲之地。

长安附近还有一些史籍失载的粮仓。凤翔县城东南的汧河码头仓储建筑就是其中之一，建筑总面积为7200平方米，歇山顶，地面夯筑，在立好的圆木上架木板形成仓储的地面，既利于防潮又利于承重。根据容积推算，这个粮仓也属"百万石仓"，可能是关中西部粮食的水上转运站，也可能是军备或蕲年宫祭祀活动的物资库。

离长安稍远，在黄河、渭河交汇处有京师仓，又称华仓或华阴仓，系利用宁秦县城故址修筑，函谷道从仓前经过，西运京师的关东敖仓粟谷在此中转。京师仓一面依山、三面临崖，地势高敞，仓城占地约10万平方米，现已发现六座粮仓，总储粮量当在百万石左右。

进口粮食

汉帝国向官员、军队支付粮食作为俸禄的一部分，罗马帝国也对都城的部分男性公民实行免费供粮政策，受益人的数量大约为15万—20万人，也包括一些团体，如获得资格的被释奴，未获得公民身份的自由贫民则无法享受福利。虽然后来受益群体的规模有所增长，但始终未超过25万人，估计只有四分之一的城市人口有资格获得免费谷物，3世纪初，塞提米奥·塞维鲁增加了免费橄榄油的定量供应，后来奥勒留又增加了免费猪肉和葡萄酒，如此巨大的粮食需求远远超出罗马本地供应能力。长安的粮食主要靠政策漕运，而罗马的粮食则大部分靠商业贸易，也接受西班牙、撒丁岛、西西里岛、埃及、非洲等地作为租税上缴的粮食。

由于地中海横亘在罗马帝国之中，陆上运输花费极其昂贵，大部分的供应都采取水运。小麦、橄榄油和葡萄酒是罗马居民的主要消费品。若人口以通常估计的100万人计，则每年需要进口23.7万吨小麦、2.6万吨橄榄油和16万吨葡萄酒，假设每艘船的平均装载量为250吨，那么单是运输这三种主要物资，每年就需1692船次到埠。最好的航运季节是4月到9月，这期间每天都约有17艘运粮船到达奥斯提亚港，之后沿台伯河将粮食转运到罗马城。除粮食以外，罗马城还有许多物资也依赖海运，如大理石材、香料等。进口贸易之繁荣，从埃文蒂诺山和市场码头以南的陶片山可窥一斑：这座海拔50米、占地两万平方米的山完全由早期帝国进口橄榄油、谷物和葡萄酒的陶罐碎片堆积而成，大部分来自西班牙和埃及，大约共有5300万片。

史前时期，台伯河上只有台伯岛所在的一段水流较缓，最早的船只停泊所便修建在此，南北贯穿意大利中部的交通干线也由此经过，早在罗马建城前这里就有希腊海员和商人活动，因此形成了台伯河码头。共和国晚期，海上贸易活动迅速增长，码头区向南扩展。公元前 193 年，营造司在埃文蒂诺山南边的平地修建了市场码头和大型仓库群，装卸从奥斯提亚港运来的货物，并设有市场。

帝国时期，新兴商业建筑渐渐填满市场码头的空地，陶片山附近的河岸被改造成了一种内设储藏室的箱式防护堤。沿用已久的台伯河码头和市场码头已不足以应付繁忙的运输。公元 42 年，台伯河口新建了克劳狄奥港，约在奥斯提亚港以

地中海的港口

北4公里，经由运河与台伯河相连。港口是一个90公顷的圆形人工湖，利用环礁湖和沙岸线形成自然屏障，在港口两臂修建停泊处和仓库，堤岸尽头立有一座灯塔。之后图拉真又修建了一个新码头，这是一个与运河连接的六边形人工湖。

埃文蒂诺山及山下的平地以仓库区闻名。仓库一般是围在露天庭院四周的多层建筑，入口较高，通过楼梯或斜坡进入，管理半军事化，以修建者或存放的货物命名，既有储藏之用，也兼批发零售。公元前4世纪末期起有盐仓、大理石仓库。公元前2世纪晚期，加尔巴家族在市场码头附近修建

台伯河

了储藏葡萄酒、橄榄油和大理石的仓库，共有三个庭院，在四周环绕的柱廊中开设库房。庭院后面两层围廊中的 385 个房间则大部分被仓库员、分配员、管理者和工人占用。仓库内发现的租赁契约显示，这里向商人出租房间、柜子或短期摊位，租金由货物性质决定。共和国晚期至帝国初期，修建了萝丽娅仓库、科尔涅利亚仓库、蜡烛仓库和阿尼恰纳仓库。

从 1 世纪起，上述这些仓库都成为帝国财产。邻近罗马广场的一座仓库不知该叫阿格里帕仓库还是阿格里庇娜仓库，由奥古斯都的营造司阿格里帕或克劳狄奥皇帝的妻子阿格里庇娜修建，也有三个庭院。最大的庭院四周环绕三层的连拱式厢房，约有 90 间店铺。庭院中间是一个仓库守护神的圣堂，在此进行的每笔商业交易都需要有一份由这位神作为见证的字据。此外，维斯帕在帕拉蒂诺山建造了维斯帕仓库；图密善则建造了大型的调味品市场——胡椒仓库；3 世纪在俄斯魁里诺山的大地女神神庙旁建造了纸莎草仓库。

第四节　水渠的功劳

决渠为雨

在信息传播渠道欠缺和识字率有限的古代，口头文学往往是社会上传播信息最主要的载体，正如今天的微信、微博段子一样，这些简短精练的谚语、歌谣蕴含了丰富的流行信息。西汉时关中地区传唱的一首《郑白渠歌》，颂扬了对京师农田灌溉有莫大功劳的两条水渠："田于何所，池阳谷口。郑国在前，白渠起后。举臿为云，决渠为雨。水流灶下，鱼跳入釜。泾水一石，其泥数斗。且溉且粪，长我禾黍。衣食京师，亿万之口。"

战国之时，韩国惧秦人勇悍，想要用劳民伤财的大工程拖垮秦国，使其无法东征，于是让水工郑国游说秦王在北山南麓兴建西引泾水、东注洛水的水利工程。在动工的过程中，秦王发现了郑国的身份，准备将他处死，郑国辩解："我为韩国延数年之命，却为秦国建万世之功。"果然，此渠修成之后，注以淤泥之水，灌溉盐地 4 万余顷，粮食产量大大提高。一百余年后，武帝的太始二年，白公奏请造渠，引泾水注渭中，起自谷口，终于栎阳，溉田 4500 余顷。郑国渠和白渠就像歌谣里唱的一般，使关中成为千里沃野，养活了长安生民。

长安城内的宫殿、官署、邸第和里居中，处处皆有水井，解决了很大一部分人的生活用水问题。但是宫室内人口众多，池苑和东西市的手工业作坊等都需要大量用水，周人和秦人在关中建立的以沣滈二水为源、以镐池为库的给水系统已远远不能满足西汉时期长安作为帝都的庞大用水需求，于是汉人又开发了沉水作为长安更主要的供水系统。沉水即今潏河上游和泬河河道，从少陵原西南的樊川流至长安西南，在章城门附近分为两支：一支向建章宫、西城和北城附近地区供水，最后注入渭河；另一支入长安城内，称为明渠，至城东的清明门出城，承担了未央宫、"北阙甲第"、北宫和长乐宫的供水，其出城后又一分为二，一支通向城壕并注入渭河，另一支向东注入漕渠。

长安排水系统则由道路边的路沟与城壕或城内的排水渠道相连。全城的排水渠呈网状，生活污水、雨水流入地下从宫内排到城内，从城内排到城外，沿着城壕从南向北汇流至渭河。

空中"运河"

罗马城居民的用水来源主要是天然水源和水渠引水。前者如罗马广场的吉乌图娜泉和俄斯奎里诺山的欧佩乌斯湖，278 年，欧佩乌斯湖的湖沿被改建成阶梯，看起来就像一座剧场。后者是古罗马最伟大的工程之一，以地下管道式和地上连拱式两种方式为主。早期希腊采用地下管道式的水渠，是为了防止投毒和遭受攻击；成为地中海世界霸主的罗马帝国能够充分保障罗马城的和平，故地面的连拱式水渠结构得以兴盛。

水渠将水引到城内的指定地点，皇帝和贵族用私有铅管将水引至自己的宅邸，其他人则要自行到公共喷泉或供水点取水。罗马城内至少有上千座喷泉。普通的喷泉几乎在每个街角都有。装饰性喷泉中以提多修建的"流汗的圆锥"最为知名，坐落在斗兽场旁边，圆锥体形，高 17 米或 18 米，是罗马十四区中五个区的会合点。

引水需要付水费，只有极少数水渠（如新阿尼奥渠）是免费的。水渠的消费群体约为 1000—2000 人，主要有两种人：一种是公共使用者，如军事和政府机构、剧场、喷泉和浴场；一种是私人使用者，如住宅和手工作坊。

早期帝国的罗马城内有 11 条水渠。阿匹亚渠、旧阿尼奥渠、马其奥渠和温渠都是共和国时期修建的，帝国时期对其进行重修或加长。除了温渠因水源是温泉而得名外，其他三条都以主持修建的执政官命名。水源都是东郊的泉水或河水。除旧阿尼奥

罗马城喷泉

渠因为水质太差，供水用途限制为灌溉等较低级的用水需求外，其他三条渠的水都可以饮用和沐浴。马其奥渠是罗马的第一条高空水渠，也是最长的一条，足有 91 千米。

朱利奥渠、克劳狄奥渠、图拉真渠、亚历山大渠、维尔勾渠、阿勒希厄提纳渠和新阿尼奥渠都是帝国时期修建的，前四者以皇帝命名，后三者以水源命名。阿勒希厄提纳渠原本是奥古斯都专门为海战剧场用水而修建的，水质不太好，后来只作手工业和灌溉用途，不过台伯河西岸的平民们也会使用。维尔勾渠和亚历山大渠都向特定建筑供水，前者供给

阿格里帕浴场和人工湖，不过后来引出一条支渠为河西岸提供用水，后者供水给尼禄浴场。这几条水渠大多都是高拱廊结构，能满足城内地势较高之处的用水需求。

不只地面水渠宏伟，罗马城中心的下水道也非常壮观，高 4.2 米、宽 3.2 米，据说阿格里帕曾经乘坐小船入内视察。公元前 7 世纪，广场谷初建大下水道，汇集俄斯奎里诺山、维米那勒山和奎里那勒山的污水后排到台伯河，帝国时期阿格里帕重建过。下水道开始于奥古斯都广场西北，拱顶，地面用火山岩块铺砌，到达罗马广场后分出八条连接城内各个污水池的支渠。渠口是大理石的三拱门。

罗马较之长安在水务上最麻烦的一点是台伯河常常泛滥，尤其是沿岸的码头和市场制造的大量垃圾壅积在河道中，使水患更加严重，一些低洼地区如战神原和市场码头常受洪水侵袭，甚至城中心的罗马广场也不能幸免。奥古斯都在统治早期疏通了河床，减少了洪水泛滥。哈德良时期又增高了战神原北部的地面，形成防洪的高堤，但洪水对罗马的威胁直到 19 世纪才真正解决。

第六章

长安城内大部分的土地都被皇族占用，只有少量空间留给贵族、官员和平民们。大部分人口，尤其是从关东迁来的豪强，都住在郊区的五陵邑中。罗马城的情况也类似，台伯河右岸的山头水畔基本都被皇帝和贵族占用，平民们只能租住地段不好的简陋公寓，更多平民只能住在左岸。

第一节 贵贱有别

寻常巷陌

长安居民因政治、经济地位不同，住地形成分区。无论是贵族官僚还是平民，都以里为居住单位。"隶臣妾、城旦春、鬼薪白粲"等罪犯虽有一定人身自由，但不允许居住在里中，否则以逃亡罪论处。

长安城有闾里 160 个，包括宣明里、建阳里、昌阴里、修城里、黄棘里、北焕里、南平里、大昌里等，集中分布在长安城的东北角。一个里的面积大概有 33687 平方米，里的规模大小不一，每里多不过百户，少者三四十户，一般是 50 户左右。里的负责人为里典，或称里正。里内房屋鳞次栉比，巷道修直。里是封闭式管理，设里门，周施墙垣，不允许破坏，不允许随意翻越。如果翻越里墙、市墙等，或者故意毁坏墙垣、私开通道将会受到法律严惩，并进行经济赔偿。每个里可能都有两道门，定时开闭。

出入闾里时，按规矩乘车者均需下车。武帝时期四朝老臣万石奋徙居茂陵邑后，有一日身为内史的小儿子万石庆饮醉归家，入里门而未下车。万石奋听闻，生气得吃不下饭。万石庆非常惶恐，袒衣请罪，老父亲却不原谅他。于是长子万石建和家族中人都一同请罪，万石奋说："内史是贵人，进闾里时，长老们都急忙回避，内史却坐在车中坦然自得，这符合身份吗？"此后万石庆和兄弟们入里门时都下车，缓步归家。但其实很多有身份的人入闾里时都乘车直入。宣帝宰相于定国的父亲于公居住的闾里之门损坏，父老们准备修缮。于公说："你们把闾门加高拓宽到能让驷马高盖车通行吧。我一生从未错判冤狱，积下阴德，子孙肯定能出光耀门楣的高官。"果然他的儿子官至宰相，孙子官至御史大夫，世代封侯。

汉代实行二十等爵制，不同爵位的田、宅有其相应的规格。田、宅皆有籍，由官府备案。如果想添置宅邸，必须与其原有宅邸相邻。爵位在五大夫以下的都比地为伍。相邻而居的人家不仅是地缘上的邻居关系，还有相互纠察的法律责任，如果发现邻里触犯律法，要及时向官府举报。这种秦法"连坐"的孑遗可能正是中国古代社会中好打听他人家事、人际关系无边界传统的由来。

西汉百姓一般为五口之家，住宅多为一堂二内，即两室一厅，也有两堂两内的，主要为木构，屋上盖瓦，庭中植树，四周有围墙或篱笆。长安可能已经出现多层楼阁建筑，只是不如东汉普遍。在刘向的《列女传》中，西汉长安大昌里的一户寻常人家内就已经有楼。这家的男主人在外与人结怨，仇家劫走了女主人的父亲，威胁她从中协助。要么父亲死，要么丈夫死，一番思量之后，女主人假意告诉仇家说："今晚在楼上卧室头朝东睡的便是，我会开好门窗相待。"回家后，她让丈夫睡到别处，自己在楼上打开门窗头朝东卧下。半夜果有不速之客闯入，砍下首级而去，天明后才发现死的是那位女主人，仇家被她的仁义感动，放过了她的丈夫。

平帝时曾在长安城中专门划出了 5 个闾里，起宅 200 间，作为贫民区。

大第小第

官僚贵族的住宅一般称为"第"或"舍"，"第"又分为大第室和小第室。大第规模宏大，竞相仿照皇家建筑，一般称为"甲第"或"甲舍"。成帝时，曲阳侯王根的住宅仿照桂宫之土山、未央宫之渐台和白虎殿，引入高都水，这出了名的僭越被长安民众编入了歌谣。

甲第多在未央宫北门附近，称为"北阙甲第"。夏侯婴是跟随高祖从沛县开始打天下的老臣，又曾经救过汉惠帝和鲁元公主。高祖驾崩后，惠帝和吕后将距离未央宫北阙最近的大第赐给夏侯婴，以表尊崇。萧何、霍光等重臣也都居住在大第中。哀帝曾为宠臣董贤起大第北阙下，殿分前后，重门洞开，甚至达到了天子宫室的标准，山池玩好极尽华丽，阑干都铺满绣缯。

未央宫之东的称为"东第"，数量较少。

大第或甲第的行政单位也是"里"，像外戚聚居的戚里、城南达官显贵生活的尚冠里等。但是大第可突破普通闾里的规制，朝街开门，不必从闾门出入。

住得了大第的毕竟是少数，长安地狭人多，住房紧张。曾任天水太守的楼护是二千石大官，宅邸却比较狭小，这种情况很常见。

汉代官员日常并不回家居住，而是住在宫中专门的庐内或官府设置的吏舍中，他们的妻子有时也会来同住。每五日有一次休沐假，此时方可回家，正像汉诗《相逢行》中所述："兄弟两三人，中子为侍郎。五日一来归，道上自生光。"

除了在长安城内日常居住的第以外，达官显贵们还在城外筑有私园。由《长门赋》而闻名遐迩的长门宫，原先就是窦太主的私园。茂陵富民袁广汉曾在咸阳北邙坂下筑园，构石为山，绵延数里，垒沙为洲屿，激水为波涛，其间散养白鹦鹉、紫鸳鸯、牦牛、青兕等奇兽珍禽，遍植奇树异草，广建重阁修廊。后来袁广汉因罪被杀，此园被收为官园，鸟兽草木都被移入上林苑中。

五陵邑

唐人在诗文中常以汉人自比，"五陵少年"便是常见的意象，尤其是在仗剑倚马、轻财任侠、饮酒赋文、无拘无束的李白笔下，如《少年行》道："五陵年少金市东，银鞍白马度春风。落花踏尽游何处，笑入胡姬酒肆中。"五陵原上这些鲜衣怒马的少年，踏花赏春、酒醉千盅、一掷万金、藐视礼法，恣情地享受着人生的快意。

五陵原之名起于西汉，是都城长安北边的长陵邑、安陵邑、阳陵邑、茂陵邑和平陵邑之合称。天子造陵时，即在帝陵之旁设陵邑。高祖时迁功臣和原六国贵族于长陵邑，之后的皇帝则徙天下高官、富人和豪杰兼并之家，甚至是倡优乐人、"乱众民"于各自的陵邑中，赏赐给他们一定的钱财和土地。移民们来自西汉的 32 个郡国，尤以淮河以北、山陕间黄河以东、燕山以南的关东地区最多。不单是为了守护、供养帝陵，还有拱卫京师、充实都城人力和经济来源，便于监管这些权力的潜在威胁者，以及削弱地方力量以加强中央控制的用意。长安南边有霸陵邑和杜陵邑。除了帝陵邑，还有少数后妃陵邑，如文帝之母薄太后的南陵邑、昭帝之母赵婕妤的云陵邑，以

五陵北原

及两个准陵县——太上皇陵的万年县和史皇孙陵的奉明县。

陵邑不属三辅管辖，而隶属掌管宗庙礼仪的奉常（景帝时更名太常）。他们地位特殊，譬如长陵令，辖下之地不过如县大小，却是相当于郡太守的二千石高官。邑内又多为特权阶层或富裕阶层，是以常常不受约束，造成治安混乱。故元帝开始不再设置陵邑，并将原先的陵邑收归三辅辖治。

这些陵邑是独立的小城，规模大者如平陵邑，占地 7.44 平方公里，小者如杜陵邑，占地 1.05 平方公里，面积大小不一。长陵邑三面城墙、一面壕沟。安陵邑北城墙外复有壕沟。

茂陵邑以壕沟为界，未发现城墙。其余陵邑四周皆环绕城墙，城里有闾里、市和手工业作坊区等。到汉末时，长陵邑有 5 万余户，将近 18 万人（2.7 平方公里）；茂陵邑有 6 万余户，近 28 万人（5.54 平方公里）；安陵邑最初有 5000 户，到汉末也有两万户，近 10 万人（1.19 平方公里）。

长陵邑内的居民主要是开国功臣和原齐、楚贵族的后人。安陵邑内则主要是居住关东的倡优乐人，尤其是善嗝戏的，时人俗称安陵为女嗝陵。

从某个角度来说，陵邑之内才是长安真正的繁华之地：市井的烟火在此孳息，西汉王朝 32 个郡县来的精英在此汇聚，不同的文化在此相互碰撞、交汇融合，泼天的富贵在此斗巧斗奢。不同于长安城内至高无上的天家威严，这里流动的是声色长安。在王莽之后，五陵邑走向衰落，人去楼空，十不存一，曾经的喧闹繁华渐成萧条苍茫。五陵原的落日和青雾成为后世诗人感叹不尽的兴衰意象，唐寅便写道："不见五陵豪杰墓，无花无酒锄作田。"

第二节　嵌错分区

公寓租客

罗马的居民也有分区，但这种分区是嵌错式的。同一座山上，山顶房与河景房为贵族占据，山脚和低地则聚居平民。这种区分并不严格。恺撒就曾住在平民区内。但罗马城的平民们多数没有自己的地产，住房状况与两种类型的庇护关系息息相关。一种是长期关系，例如被释奴与其前主人，地位较高的门客与其庇护人。他们之间有一些法律规定的义务和责任，而他们的存在也为主人或庇护人提供了政治资源，这种关系更像是一种家庭内部的联系，常用"友谊"而非"主客"一词定义。这类人长期定居在公寓中最好的区域，租金按年支付，得宠的甚至能以"楼层公寓"和商店或作坊的形式免费居住在主人的住宅或附近的房产中，每户有独立的入口、灶台和家神龛。

　　另一种关系则较疏远，这些地位较低也较穷的门客与庇护人之间的关系很短暂，常常要更换庇护人。由于他们的流动性强，只能以短期租契的形式在出租房中居住，数天或数月缴一次租金。这些出租房大多是贵族们在城内各处修建的多层公寓，租金非常昂贵。一个采光不好的小房间每年的租金能在罗马城郊的小镇买一套带花园的房屋。

　　业主们为了获利更多，常常将租房建造得很高，出于安全考虑，奥古斯都将沿路房屋高度限制为 70 英尺（约 20 米），图拉真时代将这个标准降低为 60 英尺。为了节省成本，公寓采用非常低廉的建筑材料，因此租房常常倒塌。公寓高处的楼层普遍为木构，因此又常常招致火灾。穷困的房客们不得不随时准备面对突如其来的厄运。许多业主为了避免地产遭受太大风险，其名下的公寓散布城中各处，而非集中于一个区域。

　　卡匹托利尼山脚至今还保存着一座四层的罗马帝国时期公寓，一层是商店，二层有两套公寓，三层和四层是一些较小的房间。一般来说，公寓的楼层越高，就越便宜且肮脏，底层才有供水。社会的中层和下层因此可能住在同一栋公寓中。在这些出租的简易公寓中，卫生状况十分恶劣，没有厕所，只能使用便盆，倒入公寓底层专门的容器内或是附近的阴沟里，也有一些人趁没人看见的时候直接从窗户倒下来。而生活垃圾则被直接扔在路边。

罗马城有专门的平民区，其中最著名的是苏布拉，占据了奎里那勒山和法古塔峰之间的山谷凹地。这里嘈杂闷热。夏天从海上吹来的风也不能给苏布拉带来多少清凉。恺撒被选为祭司长之前也住在这里。

奴隶则住在他们的主人家中，条件自然更差，狭小而光线不好。据塔西陀记载，公元 61 年的城市行政长官宅邸中住有 400 名奴隶；帕拉蒂诺山斯卡乌鲁斯府的底层大约有 50 间给奴隶居住的房间。那些一贫如洗甚至无家可归的人则住在城市周围的棚屋、剧场的遮雨篷下，甚至墓地中。

半山花园和水景别墅

罗马贵族与西汉贵族最大的不同是，他们的身份由家族世代继承，皇帝很难褫夺。元老们的权力可以被削减，个人可能被流放，但身份却一直在家族中传承。贵族们掌握的财富数额巨大，住宅的华丽甚至让皇宫都犹有不及，常常招致皇帝的觊觎。

　　帝国时期，皇宫侵占了帕拉蒂诺山上传统的贵族居住区，广场政治角色的蜕变使得元老们在广场及周围进行日常政治活动的需求减少，多数贵族搬到离政治中心较远的地方，主要集中在平齐奥山、切利奥山、埃文蒂诺山和俄斯奎里诺山一带，只剩下一部分贵族仍像共和国时期一样居住在罗马广场周边。贵族们自然不止一处房产，城内有宅邸，城郊有花园和别墅，多余的房产怎么办呢？罗马广场边的空房可以出租，但此举不慎，就会招来大祸。公元 51 年，某位贵族就因为将罗马广场上连着自家住宅的三个店铺租给自治城使团作为驿馆而被尼禄处死。

　　影响贵族住宅布局的最重要因素是庇护关系。庇护者日常活动是接见门客，因此住宅必须足够宽敞，令人印象深刻，并分隔出特定的公共空间，如柱廊、餐厅和会客室。室内的家具自然是一应俱全，并且价值不菲：日常起居用的桌子，各种高脚凳、矮凳、靠背椅等坐具，床，还有衣箱、梳妆箱、书架等收纳用品。其中最名贵的要数宅内各处装点的白色大理石和青铜雕塑，大多是希腊原作的精美复制品。而中下层人却只能用手工艺品和摆放着花瓶、酒瓶、微型雕塑的展示架装点住处。

考古发现的帝国贵族宅邸中，结构最复杂、装饰最精美的非阿格里帕和大朱莉娅在奥勒良城墙外、台伯河西岸的宅邸莫属，可能是公元前30—前20年为他们的婚礼而建。宅邸门前有一道通向台伯河的柱廊。宅邸内，在庭院周围分布着一些寝室，主人们追随着一年四季的阳光调换卧室，夏天住在背阴而凉快的一面，冬天住在日晒充足而温暖的一面。寝室中装饰着田园风光和神话场景的壁画。有一间寝室被现代人称为"黑室"，因为墙上的壁画用了黑色的背景，其上再用浅色调描绘出枝形烛台、带翼人物和植物条蔓等图案。另外一间寝室则在壁上绘出微缩的建筑构架和大尺寸的希腊古代绘画复制品。

元老贵族们在城郊建造了许多豪华的花园或别墅，由于地段、景观和建筑本身都很吸引人，因此常常被以馈赠、遗产或没收充公的方式收归元首名下。公元前30年，一位姓麦切纳斯的贵族在俄斯奎里诺山上修建了一座花园。园中有泳池，还有一座地下花园式的宁芙殿，殿墙装饰花园场景的壁画，地板镶嵌白色马赛克。大厅和后殿的壁龛中栽种树木，并装点花瓶或小喷泉。后殿有七级半圆形阶梯，覆盖云母大理岩,是类似小型剧场的阶梯观众席,周围是水景式的舞台布景。

这座花园后来成了尼禄皇帝的私产,经过重新规划和装饰,用过渡宫将其与帕拉蒂诺山相连接。历史学家撒路斯提奥在平齐奥山和奎里那勒山之间的花园后来也变成了提比略皇帝的私产,园中有小型竞技场、宁芙殿、水池、围廊、维纳斯神庙和多层建筑。

圣托里尼岛出土的"春天"壁画，现藏雅典国家考古博物馆

公元前1世纪罗马贵族宅邸中的"弹齐特拉琴的阿波罗"灰泥彩绘，现藏
罗马帕拉蒂诺山博物馆

公元前1世纪罗马贵族宅邸中的"猫与鸭子"马赛克地板，现藏罗马国家考古博物馆

公元前1世纪罗马贵族宅邸中的"舞台"壁画，现藏罗马帕拉蒂诺山博物馆

第七章

中心

长安城的中心独一无二，在那里有壮丽威严的未央宫与长乐宫。罗马城的中心一分为三：作为政治理念象征的广场、作为宗教中心的坎匹多伊奥山、作为行政中心和皇帝居住区的帕拉蒂诺山。

第一节　非壮丽无以重威

长乐未央

所谓中心，必定是倾全城之力营建的、在时人心目中达成共识的城内最重要的一片区域。长安城的中心是未央宫和长乐宫，这应是每一个长安人甚至是汉朝人的共识。这里既是皇家居所，也是政治中心，是耗费最多人力、物力和财力来营建和保护的"禁中"。

"长乐"和"未央"是西汉人常用的吉语，意为长乐无极、避除祸殃。长乐宫原为秦朝的兴乐宫。高祖五年决定以长安为都后，对其加以修葺和扩建，两年后竣工，改称长乐宫，终高祖之世都在此布政。从惠帝开始，这里成为太后居处，是汉帝国除了未央宫之外的另一个政令所出之处，又称"东宫"或"东朝"。汉代女性的地位不算太低，当时容许有女性户主的存在。从皇子皇女们的称号跟随母姓中也可窥一斑：馆陶公主是文帝窦皇后之女，因此称窦太主；刘据是武帝卫皇后所生，因此称卫太子。而"母后政治"也是西汉政坛中的普遍现象，吕太后、窦太后、王太后都曾经参政，深深地影响着西汉的政局。司马迁的《史记》中更是为吕雉撰写了帝王才能进入的"本纪"。在吕后二年律令中规定，吕后之父吕宣王的子孙与刘氏宗亲的子孙在触犯律法时享有同等的豁免权，受荫的吕氏子孙甚至多于刘氏子孙。从种种方面看来，吕后虽未称帝，却与皇帝并无差别。

　　长乐宫被环卫在戒备森严的宫墙之内，占地 6.7 平方公里，达长安城面积的六分之一。宫墙四面各辟一门，时人称之为司马门或公车司马门。司马主武，凡称司马门者，宫垣内皆有兵卫；公车是接受章疏之处。东、西二门为主门，门外有阙，称东阙和西阙。前殿为正殿，中间为堂，东西各有夹室。叔孙通曾制定朝会礼仪在此演习，草莽出身的群臣们竟也毕恭毕敬，不敢喧哗，高帝感叹如此方知皇帝之贵。前殿之西有长信、长定、长秋、永寿、永宁、永昌诸殿。长信殿即太后常居之地，由于后宫在西，为秋之方位，秋主信，因而得名，著名的西汉长信宫灯，就曾在殿内的浴室使用过，后来被赐给了中山靖王，随葬在王后窦绾墓中。另外还有临华、温室、神仙、建始、广阳、中室、月室等殿，并有鸿台、鱼池台、酒池台、著室台、斗鸡走狗台、坛台、汉韩信射台等。据说酒池台中有肉炙树，武帝时曾在台上观看 3000 人以铁杯饮酒的景象。

未央宫是帝国的中心，占据了长安城内最有利的地形。和明清紫禁城不同的是，作为大朝正殿的未央宫并不是在整座长安城的中心，而是偏居在西南一隅的龙首山上。从这里俯瞰，绣闼雕甍、千门万户一览无遗。高祖七年，由萧何主持营建未央宫。刘邦出征归来，发现宫阙宏伟，显然违背了他节俭建都的初衷，顿时大怒道："天下连年征战，如今胜败未成定局，为何还要建造如此奢华的宫室？"萧何从容答道："天子四海为家，非壮丽无以重威。"一次性建成最华丽最宏伟的宫阙，令后世无可再添加，从长远来看，这是经济而非浪费。这个回答说服了刘邦。当刘邦站在巍峨的宫室之上，享受万人朝拜、俯瞰天下之时，终于明白了壮丽的含义。

未央宫是长安的城中之城，占地 4.6 平方公里，周筑宫墙，四角各设警卫之角楼，四面亦各有公车司马门。宫卫令规定出入殿门、公车司马门，乘车者须下车。文帝时，太子和梁王同车入宫，经司马门而未下车，时任公车令的张释之追上前去拦下二人，并上奏弹劾了他们的不敬。最终文帝因教导不谨而向太后免冠谢罪，由薄太后下诏才赦免了太子和梁王，准许二人人宫。

东宫门是为正门，外有双阙，称为东阙。城阙象征国都，宫阙象征天子，按礼经过门阙时，乘车者要下车，行走者要缓步慢行。宫阙之下是臣民上书、待罪和悬挂首级之所，朱买臣、主父偃都曾诣阙上书，梁孝王和王尊都曾在阙下待罪，楼兰王、南越王的首级都曾被悬于北阙之下。北阙在北宫门外，是百官、平民上书奏事之处。武帝元鼎二年，在北阙内造柏梁台，以香柏为梁，二千石以上且能作七言诗的大臣才能在台上就座饮宴，每人吟诗一句，句末押韵，开创了诗歌的联句形式，称为"柏梁体"。昭帝始元五年，有一男子乘黄牛车，车上插黄旗，身着黄衣、头戴黄帽，到北阙之下，自称卫太子。昭帝下令让众公卿、将军等一众高官前往辨认，聚在北阙下围观的吏民多达数万人，右将军领兵在阙下严阵以待，众官都不敢发表意见。直到京兆尹隽不疑赶到后，令人将其捆缚收押。审问之后才发现是一名长得很像卫太子的卖卜者，随即在东市腰斩。

未央宫内有两横一纵三条大道。前殿居中，是大朝正殿，包括宣室和后阁，占地约 0.8 平方公里，顺着龙首山的地势由南向北依次抬高。宣室是汉朝君臣讨论军政大事的"正室"或"正处"；后阁是寝殿，内有更衣中室和非常室。武帝时，前殿以香木为椽栋，以杏木为梁柱，鎏金铺首，嵌玉门扇，楹上绘花，椽头饰壁，雕柱玉础，彩廊画阑，青窗丹墀，地面铺砖，瓦当饰纹，壁上披挂金丝带，带上悬挂珠玉石，每有风过，琳琅悦耳。左为台阶，供人出入；右为慢坡，供车往来。前殿西南角发现了46间房址，是负责戍卫、医疗和劳务等工作的皇室人员的住所；东北角由一条慢道分开，东边是戍卫所在，西边可能是官员休息和等候之处。绥和二年的八月，居住在郑通里的庶民王褒，身着红衣、头戴小冠、身佩长剑，竟然闯入了汉帝国的政治中枢。他从北司马门入宫，穿过前殿东门，一直走到非常室，将室内的帷帐解下披在身

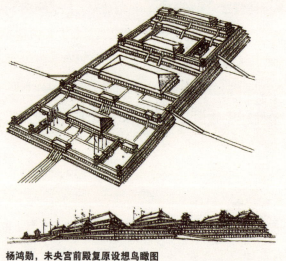

杨鸿勋，未央宫前殿复原设想鸟瞰图

上，做出天神下凡状，对前殿署长等官员说："天帝让我住在这里。"官员们将其捆绑拷问后，才知他是公车令手下负责盘问出入官员的吏卒，因病发狂，完全不知道自己闯入宫中，遂将其处死。

前殿之东有宣明殿、广明殿和行射礼的曲台殿等。前殿之西有玉台、玉堂殿、昆德殿、白虎殿等。玉堂殿是文帝之后所建，为文人待诏之处。白虎殿是成帝以后举行外臣朝觐、劳飨封拜等重大活动的场所。前殿之南有朱鸟堂，可能是王莽所改殿名或新建，是王莽与所举人才对策之处。前殿之北有温室殿、清凉殿。温室殿是冬天居处，以椒泥涂壁，桂木为柱，门窗和墙上披挂绣锦，地面铺着来自罽宾的毛毯，室内设金云母屏风、雁羽帷帐，取暖设备优良，虽严冬亦可以着麻葛。清凉殿是夏天居处，亦称延清室，以画石为床，帷帐上缀着紫琉璃，陈设着镶嵌宝石、形如屈龙的紫玉盘，虽盛夏亦如含霜，武帝姑母馆陶公主的宠臣董偃常常住在这里。

后宫在北，椒房殿是首殿，为皇后居处，殿内以椒泥涂壁，温暖芬芳。其正殿南面有双阙，前堂后院。其配殿在正殿东北，两堂两院，是皇后寝宫，还有五条暗道。附属建筑在正殿西北，有三座庭院、九座房屋。武帝时后宫八区，有昭阳、飞翔、增成、合欢、兰林、披香、凤凰、鸳鸯殿，后

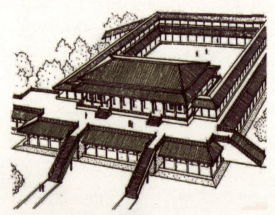

杨鸿勋，未央宫椒房殿复原透视图

又增修安处、常宁、茞若、椒风、发越、蕙草殿。婕妤以下，皆居掖庭（原名永巷，武帝时更名），掖庭殿有丹景台、云光殿、九华殿、鸣鸾殿、开襟阁、临池观等。

后代诗文常用"昭阳殿"来代称帝王宠妃所居的华丽宫室。这个典故源自成帝昭仪赵合德（也有说是皇后赵飞燕）的居处，这座奢华的宫殿堪称"自后宫未尝有焉"。如今"昭阳殿梨花月色"早已不再，当年流光溢彩的殿堂也早已化尘化土，只留下一面刻着"昭阳竟成，宜佳人兮"铭文的铜镜，让后人对着《西京杂记》中的文字无限遐想。昭阳殿，殿堂正中涂为朱红，梁柱檩椽皆髹漆，门槛皆用鎏金铜冒头，白玉台阶。墙壁中贯以横木，形如带，称为壁带；壁带上饰以鎏金圆环，其中再嵌以蓝田玉璧，饰以明珠翠羽。殿上有九金龙，各衔一串九子金铃、五色流苏，带以绿文紫绶、金银花镊，每有好风之时，日光熠熠照耀一殿，铃镊作响。殿橼桷皆刻蛇龙萦绕其间，鳞角分明。殿内熏燃兰香，壁上涂椒和泥，织珠为帘，风至如珩佩之声。殿中用器皆饰金玉，殿内陈设木画屏风，玉几、玉床、白象牙簟、绿熊皮席，席上薰香，一坐此席，幽香染衣，数日不息，席上有四玉镇，晶莹剔透。窗扉尽是绿琉璃，光华流转、莹洁通澈。

未央宫的最北端有石渠阁、承明殿、天禄阁和麒麟阁。石渠阁在西，其下砻石为渠，因而得名，内藏入关所得秦之图籍，成帝时在此收藏秘书。承明殿在中，为延招儒生学士之所。天禄阁在东，亦收藏典籍，成帝时刘向在此校书。麒麟阁在天禄阁西北，宣帝时命人绘霍光等 11 名股肱大臣的画像悬挂于此。

未央宫西部近西宫门处为小武库，藏有大量兵器以及六万多枚骨签，骨签上或标记武器代号、编号、数量、名称、规格，或标记年代，或标记制作武器的官署、官吏或工匠，基本都来自河南工官和颍川工官，但不知此武库是否即惠帝时收藏禁兵器的灵金内府。武库之东是掌管皇室财政与供养的少府以及下属的作坊，如藏冰的凌室、制衣的织室、制布的暴室和掌管器用的内谒者署等。少府之内还有一个用于射臬祭祀的"少府钦飞外池",占地约 800 平方米,养殖有螺蛳等水产,元帝时罢。

未央宫东北角可能是祭祀建筑。西南角是圆形的沧池,水色苍碧,用以储水并提高明渠水位,使其能向城内地势较高的地方供水,池中有一土山名为渐台。

未央宫内还有议论武事的武台殿,成帝学习经书的金华殿,掌宫中车马的路軨厩,掌京城内外池台苑囿的钩盾署及其管辖的皇帝燕游之弄田。青琐门是皇帝向宦官面授诏令之处。金马门是宦者署之门,武帝得大宛马后以铜铸像立于门侧,是以为名,求官的文人们都要在此处通过宦者令丞向皇帝上书,等待召见。金马门备有馆舍,文人可以在此著书立说。不过这些建筑没有在未央宫遗址中找到明确的位置。

在汉朝,宫中称为"禁中",元帝时由于皇后之父名禁,为避讳则改称"省中",非侍卫通籍之臣不得妄入。籍是记录姓名、年纪、容貌特征等信息的竹牒,出入宫门的人与籍相应才可放行。但禁卫森严的皇宫也有疏忽,成帝建始三年,渭水厜上一个名叫陈持弓的九岁小女孩,自横城门进城,又一路畅行无阻地从未央宫的旁门入宫,门卫竟懵然不知,一直到钩盾署中才被人发觉。

十二金人与十二主神

秦始皇统一天下后，收天下兵器，聚之咸阳，熔铸为钟镶，并铸十二金人（铜人），连底座高 7.25 米，各重 31 吨，刻有铭文，其中有"皇帝初兼天下"之语，置于咸阳宫前。嬴政当然不可能真的将帝国内的兵器一扫而空，他所收的都是铜兵器，而当时铁兵器已经开始流行，这一举动恐怕只是个象征性的措施，表明"黔首安宁，不用兵革"。西汉时，十二金人被放在长乐宫大夏殿前。王莽时命人磨去了"皇帝初兼天下"的铭文。到汉末，董卓将其中十尊金人熔毁铸为钱币，其余两尊搬到清门里。后来魏明帝想将这两尊金人运到洛阳，但因为太重，到霸城便放弃了。后赵武帝石季龙终于将它们运至邺城，但前秦苻坚又想搬回长安销毁铸钱，但一尊还未搬至，他就身陷乱局无暇顾及，百姓们便将这尊仅剩的金人推进了灞河中。

据《汉书·五行志》称，秦始皇铸造十二金人的灵感源于秦始皇二十六年临洮出现的十二"大人"，折合现代计量单位，其身高 11.5 米、足长 1.39 米，皆着夷狄之服。金人便是对这十二大人的模仿。有趣的是，古希腊有以铜铸巨像的传统，尤其是铸十二主神的巨像。因此有英国学者提出，秦始皇所生活的年代正是亚历山大东征以后希腊文化向外传播的"希腊化时代",这十二金人也许是辗转受到希腊巨像的启示而产生的灵感,其中游荡在欧亚草原的匈奴人可能扮演了重要的媒介角色。但这个观点并不能得到多数人的认可。山海重重,夷狄之服的十二"大人"是人还是像,又到底从何而来?至今仍是未解之谜。

诸宫

桂宫,在未央宫北,武帝时造,有紫房复道与未央宫相连。哀帝傅皇后曾退居于此。宫城面积约为1.66平方公里,南、北、东各有门,南边的龙楼门为正门。正殿在南端正中,前为殿堂,后为寝居。北为明光殿土山,有复道往西由城墙上悬栋飞阁通往建章宫的井干楼、神明台,再南折至太液池中的蓬莱山。明光殿帘幕饰以金玉珠玑,处处有明月珠,白玉阶两端鎏金,昼夜光明。宫城北部是库房和附属建筑。武帝曾在桂宫摆放以各种宝石镶嵌的床、案、屏风和帐幔,故又称"四宝宫"。桂宫也和椒房殿、长乐宫一样有地下室和暗道,这似是西汉后宫普遍的设施。

北宫与桂宫之间隔着北阙甲第,在未央宫东北,与未央宫之间有紫房复道相通。高祖时初建,武帝增修。这里居住过太子和一些不得志的废后，惠帝张皇后、成帝皇后赵飞燕被废时都居住在此。北宫中有前殿、寿宫、神仙宫和太子宫等。寿宫和神仙宫内张羽旗、设供具，进行各种祭祀活动。太子宫内有甲观画堂，绘一母九子壁画，应系产房，王政君生成帝即于此。北宫内应该有开阔的游乐场所，董偃常常陪着武帝在这里游戏，观看斗鸡、蹴鞠、赛马、赛狗。

明光宫在长乐宫之北，武帝时造。平帝时基本不大使用。后来成都侯王商患病，难捱暑热，曾向皇帝借明光宫避暑。

建章宫

武帝太初元年，柏梁台火灾，粤巫称按照粤地风俗，如果有火灾，就要造更大的屋宇以镇之。这个建议显然正合武帝心意，他早已嫌长安城太小以致造不了更多的宫室，于是马上在长安城西郊仿照未央宫的布局和规格修造建章宫，与未央宫隔墙相望，两宫之间有飞阁辇道，可以乘舆来往。起自建章宫的这条空中阁道，越过长安的西城墙而达未央宫，与由未央宫通桂宫、北宫、明光宫、长乐宫的复道相接，连成一条长长的辇道。建章宫一度取代未央宫成为武帝、昭帝处理朝政之所。

东宫门为正门，称阊阖门，门外有双阙，顶上有鎏金铜凤凰，亦称圆阙、凤阙、凤凰阙、别凤阙，神明台、井干楼一左一右峙立。神明台是武帝祭仙人处，上有承露盘，表现为一铜仙人舒掌捧铜盘玉杯以承接露水，据方士们称，露水与玉屑同服可成仙。南宫门似称璧门，高三层，椽头饰以玉璧。站在高踞宫城中南的前殿甚至可以俯视未央宫。前殿之西是足纳万人的唐中殿，并有虎圈；北为太液池；南为玉堂；西北有鼓簧宫。太液池在前殿西北，占地 0.15 平方公里，池中有三山，象征着蓬莱、方丈、瀛洲，传说这三座仙山中有不死药，吃了便可飞升成仙。池内东北部有渐台；池中刻金石为鱼龙、奇禽、异兽；池中有采莲女驾鸣鹤之舟；池边菰苇蒹葭丛生，多平沙，沙上雁鸟成集，并有紫龟绿龟。成帝常与赵飞燕秋天在池中泛舟采撷菱藕，飞燕身轻，每有风来如要吹落水中，成帝便以金锁缆舟、以翠缨结裾。太液池南有唐中池，西有孤树池，水心洲上独有一棵大树，亭亭如盖。

更多的宫室不知具体所在，只知其中景观：骀荡宫，春时景物骀荡；馺娑宫，广阔可信马由缰；枍诣宫，美木葳蕤；天梁宫，高敞崔嵬；奇华殿，收藏四海夷狄器服珍宝，有西域石棉布、昆吾切玉刀、大象、鸵鸟、狮子、大宛马等。

甘泉宫

秦时称林光宫，武帝时扩建并更名，又称云阳宫，在长安以北 300 里的甘泉山上，为皇帝避暑办公而建，形制布局均仿照未央宫。宫城平面近长方形，宫墙周长 5668 米，四面各有门，四角各有角楼。宫内东北有通天台，武帝元封二年建，高 30 余丈，在台上祭太一，令 300 名八岁童女舞蹈祠祀以招仙人。另有通灵台，据说是武帝因思念死去的钩弋夫人而造，常有青鸟飞来。甘泉泰畤是武帝以后祭祀太一和五帝等神的地方，中有圜坛，或称紫坛，雕文刻镂、玉石为饰。竹宫在圜坛外三里，以竹为材，是为祠宫。武帝在泰畤祭祀时从黄昏直至天明，令 70 名童男童女齐诵歌诗，夜里常有神光如流星落在坛上，武帝则在竹宫中望拜神光。扬雄《甘泉赋》称甘泉宫内有碧玉树、玉马和犀牛。

甘泉宫之西有甘泉苑，苑北门有石阙，苑内宫殿台阁百余所，有封峦观、鸤鹊观等，苑外山下东南有棠梨宫。甘泉宫南边亦有昆明池，池中有灵波殿，以桂木为柱，风来自香。车箱坂下有梨园一顷，树数百株，青翠繁密。

第二节　永恒的荣光

　　广场在古罗马人的生活中意义重大，是最重要的公共空间，如果说罗马是永恒之城，广场则和罗马一起永恒——人和神在这里一起见证这座城的荣光。

　　如果向一位古罗马人询问他们都城的中心在哪里，他们多半会指向帕拉蒂诺山和坎匹多伊奥山之间的山谷。这里原本是一片沼泽，墓冢累累，大约在公元前 600 年，被改造为此后十几个世纪罗马人所熟悉的广场，有时人们也会骄傲地称之为"大广场"或"古代广场"。最初是王政时代的行政中心，进入共和国后，各种宗教建筑、商业建筑和政治建筑陆续而起，政治活动、公众集会、司法审判、节日庆典、葬礼仪式和休闲娱乐等一切公共性质的活动都可在这里进行，这里成为共和制度的象征，成为全体罗马元老和公民的广场。共和国末期到帝国初期，经过恺撒和提比略的改造、重修、维修和新建，罗马广场开始遍布名字或资金来源与朱利奥家族有关的建筑。但随后以奥古斯都为首的其他元首们则一直小心维护这里的共和色彩，不敢轻易标上与个人有关的符号。直到图密善时期，这位不知天高地厚的君主在广场中心立图密善骑马雕塑，舆论为之哗然，最终他被暗杀，雕塑被毁，便再无后例。到了 3 世纪末，君主专制加强，广场中心又出现了个人崇拜的产物——君士坦丁骑马雕塑。608 年，在中心空地竖立起弗卡圆柱，这是广场的最后一次建筑活动。

现在我们可以将自己想象成一个古罗马人，从广场北边的一个平民区阿尔吉勒托走出来，穿过狭长的阿尔吉勒托巷，

罗马广场

沿着逆时针方向来参观一下这座被多个宏伟建筑所环绕的广场。

从巷子出来，首先看到的是建于公元前 2 世纪的艾米利亚会堂，这是商业交易所兼法庭，天气不佳时还能代替广场进行一些公共活动。会堂是双层的拱廊，主厅约长 90 米、宽 27 米，顶部开天窗，地面由彩色大理石拼成，四面由圆柱隔出回廊。公元前 2 年，会堂被以全体罗马人民的名义题献给奥古斯都和他的两个孙子。

往西走，便来到了一片名为议事堂的圣地。这里的地面最早铺设于公元前 7 世纪末，为了给朱利奥广场留出足够的空间，恺撒重修后缩减了它的规模。公元前 2 世纪之前，这里都是政治集会和司法审判的场所——在露天空地进行人民大会，元老在元老院和会议厅集会，执法官在演讲台上演讲。后来人民大会转移到战神原，元老渐渐成了摆设，站在演讲台上的换成了元首们，曾经的共和制度之最高政治机构便风流云散，只剩下象征意义了。议事堂中央的圆形露天空地有一棵名为纳维亚的无花果树，和睦女神、占卜师、外国大使等各种雕塑林立，其间散布着 21 个"仪式井"，可能是用来容纳祭祀遗物、承接雨水或节日时支撑旗杆。空地北侧为赫斯提利亚元老院，东侧是朱利奥元老院，南侧为演讲台、黑

艾米利亚会堂浮雕

石和外事法庭，西侧是元老院会议厅、麦尼亚圆柱和国家监狱，西北为伯奇亚会堂。

赫斯提利亚元老院建于王政时期，后来被朱利奥元老院取代。这座在公元 1 世纪由恺撒和奥古斯都修建的帝国元老议事厅同时也是一片圣地。朱利奥演讲台也是在恺撒时开始修建，公元前 29 年奥古斯都扩建后落成。演讲台上立着一根迦太基海战的青铜舰首纪功柱和四根立着屋大维雕塑的镀金圆柱，这是奥古斯都为了纪念对庞培的胜利，熔化俘获船只的喙形舰首后铸造的。演讲台南端立着黄金里程碑，北端是塞维鲁建造的一根外覆大理石的砖砌圆柱，作为罗马城以及罗马帝国的中心点。黑石是一块边长约 4 米的正方形黑色大

朱利奥演讲台遗址

理石地板，铺设于共和国时期，奥古斯都在其四周设置白色大理石板栅栏。地板下发现约公元前 5 世纪的拉丁语石碑残块和圆锥形凝灰岩柱，以及公元前 4 世纪后半期的火神祭坛。国家监狱的地下部分被称为"图里奥室"，以修建者命名，建于公元前 3 世纪，只能从顶部进入，平面呈圆形，直径约 7 米，高约 3.6 米，由白榴凝灰岩块砌造，最初为木屋顶。国家监狱在坎匹多伊奥山的部分被称为石狱，在凝灰岩内挖成。

　　紧挨着议事堂西南角有一座凯旋门，是 203 年为塞维鲁和他的两个儿子杰塔与卡拉卡拉而立。这座高达 20 余米的大理石三拱拱门至今仍完好矗立在广场的废墟上。顶楼两侧刻有题献给塞维鲁和卡拉卡拉的铭文，铭文中间明显被凿去一个词语，即是后来获罪被杀的杰塔之名。拱门浮雕中有塞维鲁东方战争及归来后举行凯旋式的场景，也有战利品以及罗马人驱赶俘虏的画面，还有胜利女神、四季神以及河神的形象，无不在宣示着元首的丰功伟绩。拱门顶部原为一辆战车，车上立着塞维鲁和胜利女神，杰塔、卡拉卡拉以及四位骑士在侧护卫，现已无存。

　　穿过凯旋门便可看见和睦女神神庙，修建于公元前 4 世

塞维鲁凯旋门

纪，奥古斯都的养子提比略主持修复后用弟弟德鲁索的名义题献为奥古斯都和睦女神神庙。由于神庙所处空间有限，因此显得比较狭长，不同于普通神庙的建筑比例。神庙外部完全覆盖大理石，内部分为前厅和神像室。神庙前有台阶，台基内有两个珍宝室；后墙紧靠着国家档案馆。神庙之南是维斯帕与提多皇帝神庙，为前面立有六根圆柱的六柱式神庙，神像室中供奉着两位皇帝的雕塑。

再往南则是十二主神围廊，最初可能修建于公元前 3 或前 2 世纪。其底部有七个用途不明的小房间。上部为大理石平台，平台上有十二个小房间，房间前面的柱廊中分对陈列着十二主神的雕塑：天神朱庇特—天后朱诺、海神涅图诺—智慧女神密涅瓦、太阳神阿波罗—月亮女神狄安娜、战神玛尔斯—美神维纳斯、火神伍尔卡诺—灶神维斯塔、神使墨丘利—谷神切勒丝。

围廊东边是一座非常古老的农神神庙，王政时代开始修建，落成于共和国初期。神庙的台基内是一排排张贴法律和公共文书的长方形嵌板。台基前突出的部分可能为罗马国库和档案室；后来国库迁到附近的一座专门建筑中，档案室也搬到国家档案馆。

再往东，则进入了真正的广场，一片露天的空间。卢米

农神神庙遗址

娜无花果树（正是母狼哺育罗慕路斯兄弟的那棵树）就在这里，帝国时期树已枯死，重新栽种了另一棵无花果树以及橄榄树和葡萄藤。树木掩映间是库尔提乌斯湖，关于它的来源有三个不同版本的传说：第一个是王政时代初期，广场谷中突然裂出深坑，库尔提乌斯家族的一位年轻人跳进去作为祭品，深坑才闭合；第二个认为它原本是沼泽，受罗马人压迫的萨宾人骑马跳进去后即形成湖；第三个认为是被闪电劈中而形成。奥古斯都时湖已干涸，每位罗马人每年在发出关于护卫皇帝安全的誓言后扔进去一枚钱币。湖东曾立有图密善的骑马雕塑，被毁后只留下一个长方形的凹陷，见证着曾经城中心区共和的陷落和反感独裁的人们之作为。

　　站在露天的广场中心区往南望，以恺撒家族姓氏命名的朱利奥会堂赫然耸立。会堂有三层，是一座法庭，中央大厅用帷幔或木隔板划分出不同区域，可同时进行四场审判，只有重要审判才需要用到整个大厅。公元 16 年，为纪念提比略夺回瓦鲁斯被打败时掠走的军旗，在会堂西北角修建了一座单拱的拱门。

　　会堂东邻是罗马骑士守护神双子星的神庙，公元前 5 世纪修建。提比略重建时以他和兄弟德鲁索的名义题献；卡里古拉一度将其改建成帕拉蒂诺山宫殿的门厅；克劳狄奥时复建。神庙是八柱式，前有演讲台，台基被用作立法集会的主席台，台基内有度量衡官署，用作寄存所、银行和一些私人商业活动的房间。

　　继续东行，则可见帕拉蒂诺山脚的一汪池水，吉乌图娜是其宁芙女神。水池建于共和国时期，近似正方形，覆盖大理石，中央立着双子星雕塑，四周有吉乌图娜，以及朱庇特和他曾化身为天鹅勾引过的凡间女子莱达的雕塑。图拉真时期在池南修建了吉乌图娜小神庙。

　　双子星神庙和吉乌图娜池之南是俗称的"图密善建筑群"，但实际上可能是哈德良创建的高等教育学校。

现在转向广场的东侧。恺撒被暗杀后，尸体在这里火化，并在火化堆的位置修建了祭坛和一根刻有"祖国之父"铭文的大理石圆柱，但很快被拆除，在原址上修建一座神圣朱利奥神庙。神像室内供奉头上有一颗星星的恺

钱币图像中的神圣朱利奥神庙，据
LTUR III

撒巨型雕塑，因为恺撒死后人们连续六天看到一颗彗星，这被当作这位独裁者进入众神行列的标志。神庙的平台被建成了演讲台的样子，正中是半圆形壁龛，两侧装饰着在亚克角俘获船只的喙形舰首，后来帝国的皇帝们常在此演讲。

朱利奥神庙的南侧是亚克角凯旋门，北侧是帕提亚拱门，分别纪念奥古斯都这两场战争的胜利。帕提亚拱门为三拱，中间为半圆拱，顶上为四轮战车；两侧为平顶，顶端为帕提亚人雕塑，其中有送还军旗的场景。两侧过道刻有共和国以来的执政官名录和凯旋者名录。这几座拱门巧妙地闭合了广场的东侧，将与朱利奥家族无关的王宫和维斯塔神庙排除在观众的视线之外。神庙北侧还有恺撒兄弟的拱门与艾米利亚会堂相连，以及公元前 121 年修建的法比乌斯拱门。

东北角是安东尼诺与法乌斯提娜神庙，原本是安东尼

诺·皮奥皇帝为妻子修建,161年他死后神庙便同时题献给两人。

至此便是帝国时期在广场内所能看到的全部建筑景观。假若我们穿过两座奥古斯都的拱门再往东走,便能看到共和国时期甚至王政时期广场的更多建筑,还有一些帝国时期新建的。

首先经过的是被朱利奥神庙和奥古斯都拱门完全遮挡的王宫和维斯塔中庭。王宫是王政时代国王的住宅或官署,共和国以后成为大祭司长的官方总部。这里定期举行祭祀,并保存了祭司档案、立法和城市编年史,还是祭司协会的集会场所。王宫最早的遗迹为一组棚屋,共和国初期改建成现在看到的建筑。王宫南部是三个相通的房间,中室用途不明,一东一西分别是农业女神和战神的神殿;北部是围廊庭院,院内有井和贮水池,西南端的房间可能是奴隶学校。

维斯塔中庭包括维斯塔神庙、贞女居、神

安东尼诺与法乌斯提娜神庙遗址

圣树林以及王宫。共和国以后王宫被排除在外。维斯塔神庙
的修建可追溯到公元前 6 世纪，现存的建筑遗迹主要是 191
年重修留下的。该神庙不是经过落成仪式的圣地，因此成了
神圣边界内唯一允许埋葬死者的地方，但只有失贞的贞女会
在这里被活埋。神庙为穹隆顶的圆形建筑，可能是模仿古代
意大利式棚屋，最早当为木结构，帝国时期重建成白色大理
石结构，周围绕以圆柱。神庙有圣火排烟孔的神像室顶部，
供奉圣火的地下维斯塔密室，以及雅典城保护神的古代神像
和从特洛伊带来的埃尼娅神像，这些是神庙中最神圣的区域，

维斯塔中庭遗址

除了贞女祭司外禁止任何人进入。

贞女居是维斯塔贞女祭司的住宅，公元前 2 世纪修建。中间是一个柱廊庭院，正中为长方形水池，围廊内陈列贞女祭司长的雕塑；东侧是家神小圣堂、维斯塔祭祀的创建者努玛·庞匹利奥的小神殿以及贞女居住的两列厢房；南侧的底层为灶房、磨坊、楼梯和厨房，上层为女祭司房和热水浴室；西侧是餐厅；北侧情况不明。

再往东行，路北边是罗慕路斯神庙，路南边是酒神神庙和玛格丽特围廊。围廊之东也即神圣大道的尽头立着大理石的提多拱门，只有单拱，拱门内侧的南面雕刻耶路撒冷神庙的战利品和祭器，北面则描绘提多立在一辆罗马女神驾驭的战车上，胜利女神为他加冕。

最东边是维纳斯与罗马神庙，由哈德良设计并修建，135 年题献给罗马人民的祖先幸福维纳斯和城市守护神永恒罗马女神，因此也称罗马城神庙或城市神庙。维纳斯的神像室朝东，罗马女神的神像室朝西。神庙为少见的十柱式，这座神庙及其围墙实质上构成了帝国广场的延续。

修建广场之风始于恺撒。在与庞培决定胜负的法尔萨拉战役中，恺撒发愿要为朱利奥家族的女始祖神维纳斯修建一座神庙。正是这场战争的胜利奠定了恺撒和未来罗马帝国的权力基础。从公元前 51 年开始，神庙连同恺撒广场一起在罗马广场附近动工，并于公元前 46 年的凯旋式上题献，但未竣工，最后由屋大维完成。在恺撒之前，罗马广场沿用了几个世纪，从未有一位政治人物敢建造一座能够与其相媲美的广场。恺撒开了这个先河之后，帝国的几位皇帝纷纷仿效他在罗马城最中心区域建造广场。

恺撒广场是时人俗称，官方称为朱利奥（这是恺撒所引以为傲的家族姓氏）广场。虽然修建之初，恺撒打着拓宽罗马广场政治和宗教空间的旗号，但是正如人们口耳相传的称呼一样，其实质是用建筑的形式表现对恺撒个人的极端颂扬。恺撒本人也常常高坐在神庙的台基之上接见元老们，在这一刻，独裁者与神重合，成为一位活着的神，而广场中心的恺撒骑马雕塑则是神圣化集权的体现。

到奥古斯都时，他宣称由于人口增多导致法律案件增多，罗马广场和朱利奥广场已经不够用了，因此用战利品购买土地修建了第三座广场——奥古斯都广场。广场内有复仇者战神神庙，所以有时也称为玛尔斯广场，题献于公元前 2 年。广场成为元老院讨论战争和凯旋式议案（如出征的起点和凯旋的终点）的场所。

广场中央有奥古斯都雕塑，东南和西北有两个半圆间，东北侧由于未购得足够的土地而略呈不规则形状，西南与朱利奥广场相连。周围环绕围墙和柱廊，既有防火也有切掉邻近平民区苏布拉脏乱差景象的目的。

矗立在广场北端正中的是复仇者战神神庙。罗马史上曾经发生过一件奇耻大辱，即在一次与帕提亚人的战争中，军团的旗帜被对方夺走，最后是奥古斯都率领复仇的战士们夺回了这面旗帜，这也是奥古斯都一生中最令人称道的战事。神庙后殿一侧的密室就存放着奥古斯都夺回的军旗。

公元 71 年，维斯帕开始修建和平神庙，题献于公元 75 年，君士坦丁一世时称广场。广场所在原为市场，因此部分沿用旧建筑的外形，周围环绕围墙和围廊。从神圣大道可以经由一个三拱式的入口进入这座广场，它的布局和典型的罗马式神庙非常相似。一片露天的空地内花木扶疏，喷泉装点其间，原先在尼禄黄金屋陈列的许多雕塑被搬到了这里。空地尽头正中是一座祭坛。再往后，是神庙式的前厅和后殿，殿内也供奉有祭祀雕塑。广场内有一座希腊图书馆和拉丁图书馆，还有一座公共博物馆，陈列着大量从希腊和小亚细亚掠来的艺术品。

涅尔瓦广场的原型是平民区苏布拉区与宏伟的广场群之间的一条通道，通道两边是另一个平民区阿尔吉勒托区密集粗陋的建筑。为了遮挡从奥古斯都广场到和平广场的这段不美观的景象，图密善将这条通道改造为类似广场的外观，工程在公元97年初才由涅尔瓦落成并题献，故称涅尔瓦广场，但俗称过渡广场。

由于空间有限，涅尔瓦广场没能像其他广场一样建造真正的柱廊，而是修建了一条壁柱廊，廊内浮雕均以密涅瓦为主题。

图拉真广场于107年开始修建，题献于113年，位于维利亚山、苏布拉区、奎里那勒山和广场谷之间。此是为庆祝

图拉真广场遗址

达奇亚大捷而建，单拱，饰有达奇亚俘虏雕塑和战利品浮雕，顶上的雕塑是立于六马战车之上接受胜利女神加冕的图拉真。

广场建筑群的装饰极尽对凯旋之军队尤其是对作为指挥官的图拉真皇帝的颂扬——浮雕再现了图拉真生平所经之战阵，碑文称颂着图拉真的凯旋，雕塑记录着图拉真的神武。而作为图拉真一生引以为傲的达奇亚大捷的纪念和他与妻子之墓葬的纪功柱，是这一切颂扬的顶峰。虽然罗马城包括地形在内都是神圣的，但图拉真广场建造时还是挖去了部分山体，纪功柱的高度正是所挖去山体的高度，标记了曾经的地形。纪功柱由大理石分段砌成，直径 3.7 米，高 38 米。柱座上刻着达奇亚武器的低浮雕，四角有支撑着垂花饰的四只鹰，内部三侧装饰战利品，一侧开门，刻有题献铭文，图拉真夫妇的黄金骨灰瓮即安放在柱座的墓室之内。柱身外部装饰的螺旋形浮雕重现了达奇亚战争中的各个重要场景，图拉真在其中出现了不少于 60 次。浮雕原本绘有彩色，如今随着岁月的剥蚀呈现了大理石的本色。柱身内有 185 级螺旋楼梯直通顶部，通过 43 个狭窄口子采光。纪功柱顶部是镀金青铜的图拉真雕塑，1588 年被替换为圣彼得雕塑。

图拉真广场功能多样，如宣布法律、皇帝赏赐。另外，执政官在此进行法庭审判和释放奴隶，哈德良在此公开焚烧债务记录，马可·奥勒留在此出售珍宝以筹措军费，奥勒良在此焚烧放逐者名单。

纪念碑

罗马城内有一些建筑单体，用来纪念军功或荣誉。上文一再提到的拱门或凯旋门，以及纪功柱都是这类"纪念碑"式的建筑。

拱门是罗马人独创的纪念建筑。最早的时候，希腊人用双圆柱来支撑雕塑，罗马人则在其中加入了他们引以为傲的拱券结构，成为单拱或是三拱的拱门，作为雕塑和荣誉纪念物的底座。到后来，拱门本身往往比支撑的对象更荣耀。拱门上多有华丽的浮雕，描绘着战争和凯旋的场景、元首和神祇形象，并刻有题献铭文。它们多建在广场和主干道上，所以每个从底下经过的

提多拱门

人都会想起与这拱门有关的那位指挥官和他的荣耀。

为纪念举行过凯旋式的皇帝或将领而修建的拱门又称"凯旋门"。凯旋式不仅是庆祝军事胜利的仪式，还是一种宗教仪式，需要符合众多苛刻的条件，比如是否属于内战、杀敌的数量、是否被士兵们欢呼为"凯旋者"等。如果一位指挥官认为自己或别人认为他有资格举行凯旋式，那么要先向元老院提出申请，由元老们讨论并表决通过后，才能带着军队沿着特定的路线游行，一直到卡匹托利尼山的三主神庙，举行各种仪式并向神祇献祭，最后还要举办一场盛大的全城宴会。

帝国时期，只有皇帝本人和他的儿子能举行凯旋式。每位将领一生中举行凯旋式的次数是有限的。传说罗慕路斯只举行过三次凯旋式，因此后面的将领不能再增加次数，奥古斯都严格遵循了这个规定，第一次凯旋式是对北部伊利里亚部落的胜利，第二次是与安东尼之间的亚克角海战的胜利，第三次也是最后一次是与庞培之间战争的胜利。这导致在后来他即使获得了让罗马人无比赞赏的帕提亚大捷，也不能再举行凯旋式了，因此他修建的两座拱门中，亚克角是凯旋门，帕提亚却只是普通的拱门。罗马城内称得上是凯旋门的还有提比略凯旋门和塞维鲁凯旋门。

另一种胜利纪念碑是纪功柱，为获得军事成就的元首尤其是针对某次重要的胜利而立。前代纪功柱有罗马广场上公元前 7 世纪的赫拉提柱和公元前 3 世纪的盖伊尔·杜伊利舰首圆柱，前者悬挂战利品，后者以俘获的敌舰船首熔铸，柱上均刻铭文。帝国新立的纪功柱中，罗马广场上奥古斯都的四根舰首圆柱沿用旧模式，而图拉真纪功柱则开辟了新类型，柱身刻螺旋形浮雕，描绘战争场景，柱顶有皇帝雕塑，之后的纪功柱都属模仿。

安东尼诺·皮奥纪功柱在战神原上这位皇帝的火葬堆北边。圆柱是一整块红色花岗岩，高 14.75 米、直径 1.9 米，顶上是皇帝的雕塑。柱座为白色大理石，刻有题献铭文并饰有浮雕，描绘了皇帝夫妇的神化以及在神化仪式上阅兵的场景。

马克·奥勒留纪功柱

马可·奥勒留纪功柱可算得上是粗制滥造的典型，台基的铭文居然完全照抄安东尼诺·皮奥纪功柱的，连名字也未改。

罗马的埃及方尖碑是比较特殊的纪念建筑，不为某种功绩或荣誉而立，也不为某人而立，它所代表的也许是元首们对于埃及风情的向往和对埃及太阳神的崇拜，更像是一种景观标志和宗教建筑。奥古斯都立在战神原和平祭坛旁的那座方尖碑兼作日晷的指针，由碑体北侧的大理石地板组成子午线，刻有指示一年不同季节正午的金属线。

罗马大部分的方尖碑都是古代遗物，尤以公元前13世纪拉姆塞特二世时期的方尖碑占多数。仅有一座方尖碑是由皇帝专门定制的，是图密善下令在埃及制作后运回罗马，安放在伊西斯神庙前，后来搬到大马戏场的安全岛上，就是现在纳沃纳广场四河喷泉上的那座。

前皇宫时代

早期帝国的权力在几个家族间更迭，在图密善修建奥古斯都宫之前，皇帝们并没有一个像长安的宫城一样固定并且代代传承的居处，他们各有各家，都是自行购置的私宅。但大多数皇帝选择追随奥古斯都，住在了城中心罗马广场旁的帕拉蒂诺山上，周围并无禁区，防卫也不森严。

奥古斯都府是奥古斯都掌权后占用了两座贵族宅邸改建而成的。公元前27年，元老院颁令在门上放置橡树冠，代表着天神朱庇特赋予的无上权威。文献皆称其非常简朴，甚至不如贵族们的宅邸装饰华丽。奥古斯都府分为会客厅、寝室和庭院三部分，还有一座题献给维斯塔的小圣坛。会客厅在东南，面积宽敞，以大理石铺地，环绕在侧的其余房间均为黑白马赛克地板。奥古斯都"面具室"和妻子莉维亚的寝室在西南，墙上壁画犹存，"面具室"的建筑装饰以戏剧舞台为主题，莉维亚寝室的装饰以悬在细方柱之间的松木垂花饰为特色。柱廊庭院在北。奥古斯都府东邻的太阳神阿波罗神庙被当时的诗人奥维德誉为罗马城的恋爱圣地之一，男男女女们常沿着上山的通道到这里散步谈心。

莉维亚府是奥古斯都府的附属建筑，两府之间有一条黑白马赛克走廊相连。门厅在东；南边是长方形庭院，周围环绕寝室；北边是庭院、厢房和餐厅。墙上描绘壁画，地板镶嵌黑白马赛克。府内发现了一段引水的铅管，上刻房主姓名"朱利奥·奥古斯都"。

提比略府在帕拉蒂诺山西北部、奥古斯都府北边，由提比略出生的宅邸改建成，卡里古拉时扩建，图密善时彻底重建。西部是柱廊庭院，周围环绕房间，从院子可以去到东边一条通往奥古斯都宫的地下拱廊；西南有 18 个半圆拱顶并绘有壁画的房间；东南有一个卵形的鱼池；西北角沿斜坡分布的一列房间是皇帝的财政处，墙上的灰泥层刻有账单和钱币名称，后来被用作仓库。据文献得知提比略宫中有一座图书馆，具体位置不明。

过渡府由尼禄修建，目的是将所有皇帝的地产包括麦切纳斯庄园、拉米亚庄园和萝丽娅庄园等与帕拉蒂诺山连接。公元 64 年遭火灾烧毁，后被一座华丽无比的黄金屋所取代。过渡府为两层：底层是下沉式花园，中央有两座亭子，其间为园圃和宁芙殿，西南的一个房间装饰有精美的绘画、彩色大理石地板，东边有两个房间、一个厕所；上层是图密善时期重建的，现在只能看到一间餐厅和一间喷泉厅。

罗马城内最华丽的宫殿则非黄金屋莫属。尼禄在公元 64 年火灾后将城中心的帕拉蒂诺山、维利亚山、奥匹亚山和切利奥山的一部分以及整个斗兽场山谷占为己用，修建了黄金屋。远远望去，在森林、葡萄园和湖泊间点缀着宫殿、庭院、柱廊、雕塑、水池与喷泉。黄金屋门厅处矗立的尼禄巨像据说有 30.48 米高，几乎比肩于"世界七大奇迹"之一的罗德斯岛太阳神巨像，后者高 33 米。宫殿内部覆盖黄金，并用宝石、珍珠、贝壳和象牙薄片装饰，绘有精美的壁画。正厅为八角形，象牙球形的天花板像天空一样昼夜不停地旋转，举行宴会时，花瓣与香水不断从天花板孔隙中落下。浴池内是长流不息的海水与湖水。黄金屋举行落成典礼的时候，尼禄赞叹说："我终于开始像人一样地生活了！"梵蒂冈西斯廷礼拜堂中最著名的群像雕塑拉奥孔就是昔日黄金屋的室内装饰品。尼禄死后黄金屋就被继任者拆毁了其中的一部分，后来的斗兽场就是填平它的湖泊而建的，所有的华丽装饰品都被剥去，艺术品也被放到和平神庙内。而今残存的废墟早已不见当年的富丽堂皇。

　　奥古斯都宫，亦称帕拉蒂诺宫，位于帕拉蒂诺山东南部。这里的弗拉维宫最早修建，接着是奥古斯都宫，与驯马场一起完成于图密善统治末期，这三部分从西往东依次排列。宫

帕拉蒂诺山宫殿遗址

殿一直存在到帝国时代末期。

西区为弗拉维宫，正立面在西北边，最初是一道柱廊，哈德良时期增建了墙壁。从西北主门进去，穿过八角形门厅，便是一个柱廊庭院（1），八角形水池中喷泉飞溅。庭院北边有三间大厅，中厅是"皇庭"，即接见室（2），模仿了神庙中前厅和神像室的布局，皇帝在陈列着大理石雕塑的圆拱后殿中以"君主与神"的形象出现。西厅是"公堂"（3），即皇帝内阁的办公处和帝国行政的决策处，平面呈长方形，由双重圆柱分为三个中殿，南端为半圆形后殿。东厅是"家神庙"（4），面积较小，可能驻扎有守卫宫殿入口的禁军警卫。庭院南边是餐厅（5），一旁的宁芙殿（6）中也有飞珠溅玉的喷泉，此处有地道通往提比略宫。再往南边依次是皇帝的长袍室、"皇家奴隶学校"（14）、通报房。

中区为奥古斯都宫，是皇帝私人住所。入口在西南的曲形露台（7），向东北依次经过门厅（8）、喷泉庭院（9）、前围廊（10）、后围廊（11）。喷泉庭院周围环绕双层柱廊，其中有八角形大厅、宁芙殿大厅和一些小房间，上层是皇帝的寝室。前围廊中心有一个装饰水池，并有一座密涅瓦小神庙，这里有楼梯通往西区弗拉维宫的餐厅和东区的帕拉蒂诺驯马场（12）。后围廊破坏严重，难以复原。

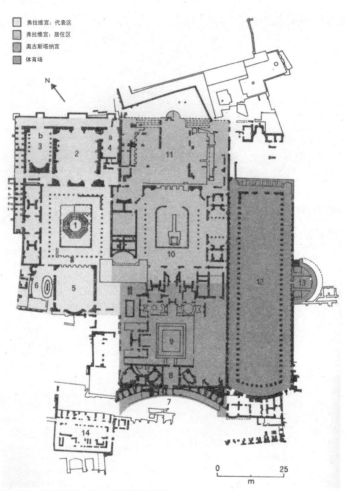

弗拉维宫：代表区
弗拉维宫：居住区
奥古斯塔纳宫
体育场

N

b
3
2
a
4
11
1
10
6
5
9
8
12
13
7
14

0　　　　25
m

菲利普·科阿莱利，奥古斯都宫平面图

东区是帕拉蒂诺驯马场，建于图密善统治末期。这里既是驯马场，也是景观优美的花园，平面呈长方形，南端弧曲，长160米、宽50米。四面各有一个半圆形喷泉，周围环绕双层围廊。东边是半圆看台（13），南边是皇帝的私人动物饲养场。

另外有两个附属区域，一是驯马场东南后来增建的"塞提佐尼奥"立面，从宫外经过的人们每每为这装饰华美的三层壁柱廊立面而赞叹；一是皇宫东面在帕拉蒂诺山东角的大型长方形平台，可能是花园，也可能是一座朱庇特或阿波罗的神庙。

第八章

管理

西汉的"强干弱枝"统治理念和罗马的"强枝弱干"形成鲜明对比。长安城的行政机构集中、等级严明、重军守卫，采取半军事化的封闭式管理，极大地保证了权力的安全、管理的高效、政令的畅通。罗马城的行政机构分散、阶层嵌错、军力分散，采取开放式管理，虽然权力受到制约，却造成权力安全无法保障、行政效率低下，通过威权建立起来的统一帝国管理松散，政局常常内外交困、动荡不安。

第一节　封闭式的长安管理

　　长安是一座封闭式管理的城，城门、邑门、里门都定时开闭，有严格的宵禁，甚至官府的捕吏都不能在夜间进入民宅抓人。文、景、武帝三朝以箭法和谋略著称的李广因罪被贬为庶人后，某天与人在城郊饮酒夜归，不巧遇见霸陵尉，他喝止了李广一行。李广随从说："这是故李将军。"霸陵尉说："今将军都不能夜行，何况是故将军。"于是让李广宿在亭下。后武帝召李广为右北平太守对付匈奴，李广请命让那位霸陵尉一同前往，一到军中便将他斩首。

　　元始二年，长安和附近 8 个陵县的总人口有 100 多万。这在当时世界范围内都是一个超级大都市。城内人口以户为基本单位造册，登记内容有姓名、性别、年龄、籍贯、爵位，可能还有健康状况，每隔几年进行一次人口普查。户曹掾史专门管理户籍和市籍，脱籍属非法；户籍内容有变更时须及时上报，办理相关户籍移交手续后才可以合理迁徙。这种户籍制度是如此深入人心，以致有些墓葬中死者还随身带着地上官吏向地下官吏移交户籍、财物簿籍的文书。

长安城的绿化覆盖率很高，有行道树，宗庙、陵墓、宫苑、官寺和私宅内也都广植花木。汉律规定树木未经官府允许不准砍伐。王莽时期强制规定民宅内也需植树，否则将受经济惩罚。

即使在后人称道的文景之世，长安的治安也不算非常好。贾谊在一封奏疏中历数时弊，提及当时偷盗抢劫之风颇盛，甚至高祖庙内的器物都被盗。武帝之后情况更加严峻，斗殴、偷盗、绑架、抢劫、杀人案件很多，豪强们豢养刺客、报怨寻仇，贵戚们包庇凶手、狼狈为奸，游侠们视人命如草芥。早期的游侠还有一些侠义之风，后期基本上类似于黑社会。甚至在敦煌、居延一带的汉简中，都常能见到长安杀人逃犯的通缉文书。

长安的治安具体由京兆尹和长安令负责。京城的父母官职位虽高，却是个烫手山芋，长者不过两三年，短者数月到一年，就因各种事故被罢免。少数几个治理得当的在位才稍久些。成帝年间，贵戚豪侠勾结，为祸官民，一些"恶少年"甚至制作了三色丸来进行杀人游戏：摸得红丸者杀武吏，摸得黑丸者杀文吏，摸得白丸者负责治丧。

但恶人自有恶人磨，尹赏新任长安令后，便开展了大规模的严打，首先整修了长安的监狱，深挖大坑，四周堆土为墙，以石覆其口，名为"虎穴"；接着让户曹掾史和各乡吏里长举报恶少、流商和暴徒；然后将名单上的数百人全部缉拿扔到虎穴中，以大石覆盖；数日后抬出，葬到官寺门口的华表下，标记姓名；百日后才准死者家属自行挖开领尸，道路上一时间哭声不绝。尹赏处死的全是些头目首恶，其余罪行较轻又愿改过的都让其将功抵过，其中的一些人后来甚至成为他抓捕罪犯的得力助手。

官员是统治集团上层与百姓之间的媒介。西汉时期官员的上升通道比较畅通，不少出身平民的人都能进入统治集团核心，从皇后们大多出身寒微也能看出这一点。在京官员称为都官，日常在皇宫或官寺办公。各级官寺的面积和建筑规格有别，律令中详细规定了丞相府门用梗木板，御史大夫寺门则用梓木板。长安城内众多的官寺中，如今知道确切位置的寥寥可数：相当于副丞相的御史大夫寺（后更名大司空）在某宫城的司马门内，掌管宫门屯兵的卫尉寺在宫中，掌管宫殿门户的郎中令（后更名光禄勋）府在未央宫内，掌京畿地区并搜捕巫蛊的司隶府在孝武庙，负责祭祀饮食的长安厨在城北的厨城门内。

京师地区由内史掌管，景帝二年分置左、右内史，武帝太初元年分别更名为左冯翊和京兆尹，原先掌管列侯的都尉（景帝之前称主爵中尉）则更名为右扶风，改为掌管京师右地。此三官是为三辅，治所皆在长安城内：左冯翊在城内太上皇庙壖原内史府，京兆尹在城南尚冠里原中尉府，右扶风在夕阴街北原主爵中尉府。元鼎四年又置三辅都尉，掌管军事，皆在城郊：京辅都尉在华阴，左辅都尉在高陵，右辅都尉在郿。王莽时将三辅分为六尉郡：京尉大夫寺在长安城内某卿的官署内，师尉大夫寺在故廷尉府，翊尉大夫寺在城东，光尉大夫寺、扶尉大夫寺在城西，列尉大夫寺在城北。

官寺中都设有吏舍，供官吏们居住，休沐时方回家。惠帝时相国舍的后园与吏舍毗邻，官吏们常聚众饮酒高歌，相国的从吏深以为患却无权干涉，于是特意邀请相国曹参游园，正好听到官吏们醉后高歌，从吏本以为相国定要将他们召来治罪，不料曹参却令人取来美酒，边饮边与他们高声唱和。哀帝时御史大夫府的吏舍至少有百余区，占地极广。

诸侯王、列侯和郡的"驻京办事处"以及外邦的"大使馆"称为官邸。前一类分为国邸、郡邸，一般以国名和郡名冠之，可能都在未央宫附近。诸侯王一般住在封国，在某些特殊情况下才回到京师，比如每隔五年的正月要来朝见天子，此时便住在国邸中，但是一般情况下诸侯王停留在长安的时间不允许超过 20 日。诸侯王死后，则在国邸布置灵堂，接受皇帝和京师官员的凭吊。更为特殊的情况是吕后驾崩后，代王刘恒回到长安便住在代邸，后被群臣迎入未央宫，即位为文帝。国邸更普通的用途是供诸侯国每年入京朝请和秋请的使者暂住，有时也接待从王国征辟来的士人。郡邸是供郡守、上计官员、被征辟的吏员以及办事人员食宿的地方，平常有守邸的官吏。邸内还设有监狱，宣帝幼时就被收押在某郡邸狱中。

后一类外邦的"大使馆"被称为"蛮夷邸"，分布在藁街一带，武帝时才开始修建，供汉朝邻近的匈奴、西域各邦国、西南夷、东夷等地区的来京人员居住。元帝时，陈汤斩杀郅支单于后将其首级带回长安，悬挂在蛮夷邸的门上，向天下四夷表明中央政权"犯强汉者，虽远必诛"的决心。

都城的监狱统称为中都官狱，随职官系统的不同而设，据说长安城内共有官狱 24 所。后宫有掖庭诏狱，掌司法刑狱的廷尉有廷尉诏狱，位同副相的司空有司空诏狱，太子府有太子家狱，上林苑中有掌治苑中禽兽、宫馆之事的上林诏狱，还有郡邸狱、东市狱和西市狱等。收押的罪犯们有的在狱中从事手工劳动，有些则从事修建城墙、宫室、陵墓等重体力劳动。

京师的安全由中尉（后更名执金吾）负责，可能同时兼管消防安全，有一段时间曾设司隶、绣衣使者监督三辅治安、秩序和风化。城门有屯兵，陵邑门有戍卫，里门有游徼。治安管理的核心是保障皇室的安全，武帝中期以前由郎官、宦官共同宿卫宫城，武帝后期开始由宦官专任。离宫禁苑配有严格的警卫力量，如建章宫的建章卫尉、甘泉宫的甘泉卫尉和上林苑的步兵校尉。陵寝宗庙亦配有专门的卫士，到元帝年间单是各寝园的卫士就有 4.5 万多人。皇室以下，官寺、官邸亦各设戍卫，各官员府第有门卒。

京师的主要武装力量包括南军、北军和八校尉。北军驻扎在未央宫北宫门附近，南军的营地暂不清楚。八校尉里，中垒、射声、虎贲和屯骑校尉在城内，其余在城外：掌上林苑之兵的步兵校尉屯于上林苑门，掌胡骑的长水校尉屯于城东南的宣曲宫附近，另一个掌胡骑的胡骑校尉屯于城北渭水之外的池阳，掌越骑的越骑校尉分别驻兵在霸上、渭北棘门和长安细柳，防备胡人南侵。国家武备收藏在长乐宫和未央宫之间的武库内，由皇帝直接掌控，占地约 23 万平方米，分为东院和西院，按类别储存用于平定内乱和武装边兵的兵器，主要是铁兵器，也有弩机、戈、镞等少数铜兵器，大部分由少府督造，也有一部分是各地工官的产品。

第二节　罗马城管

　　公元前 7 年，奥古斯都将罗马城划分为十四个区，因此罗马常被称为"十四区城"或"神圣十四区城"。《十四区志》中详细记载了每个区的周长和主要建筑。区下各设街道公会，由普通市民担任街道公会执法官，主要负责组织宗教仪式。

　　塞维鲁城墙以内居住区的道路上，从太阳升起到晚上 10 点之间，禁止一切私用车辆通行，禁止骑马，人们只能步行、牵马步行或乘肩舆。凯旋式的凯旋战车、公共表演的车队、与宗教或与公共建筑有关的运输则不受禁令限制，高级祭司也能在其职权范围内用车。

　　罗马并无宵禁。尼禄皇帝喜欢在天黑时装成平民钻进酒肆或在街上闲逛。他经常殴打夜归的人，甚至把他们扔进下水道。他还热衷于对商店进行打砸抢，将赃物拿到军营市场拍卖，然后把卖得的钱挥霍一空。不过有次他因为猥亵一名元老的妻子，险些被杀死，此后若没有禁军长官的秘密保护，他再不敢于夜晚冒险去公共场所了。

由于烹调、取暖、照明都需要用明火，加上地中海的夏季干燥炎热，因此罗马城内常常发生火灾。公元前23年的一场大火灾后，奥古斯都组建了一支7000人的消防队，分为7个支队，十四区中每两个区配备一个支队，还有14个较小的岗哨。各支队均有营房，分别在战神原南部、俄斯奎里诺山、维米那勒山、埃文蒂诺山、切利奥山、罗马广场附近和台伯河西岸。消防队的首要职责是预防火灾，夜间在城中巡逻以排除潜在的火灾威胁，此外也处理巡逻时碰到的小型犯罪活动。

城内的多层公寓常常倒塌，出于安全考虑，罗马城中心沿路的房屋高度受到限制，奥古斯都时期的楼高上限是70步（约20米），图拉真时代将标准降到60步。尼禄大火灾后，规定重要建筑周围必须设置隔离带，不同的建筑禁止共用外墙。

城市行政长官或代理长官定期主持人口普查，调查重点是财产登记，同时对土地进行丈量和所有权登记，并建立地籍册和人口档案。和平广场内大理石上镌刻的"塞维鲁古罗马城平面图"就是地籍档案。

元老院是帝国里仍保有显要地位的宪政机构，他们的常驻地在罗马广场的朱利奥元老院和元老院会议厅，也常在城内外的各个神庙集会。对比起元老权势煊赫的共和国来说，罗马帝国显然不是个让他们太舒适的时代：元老院的门槛提高很多，权力却缩减了不少。能够进入这里供职的元老们都经过了严格的身份和财产核查，在提出议案、制定对外政策等方面，也失去了主导权，很大程度上成了皇帝的应声虫。帝国元老院们唯一仍然值得炫耀的，大概是仍然保留着国库的管理权——不过这又有什么用呢？皇帝名下的"恺撒国库"不断扩充，储备甚至超过了国库。从尼禄开始，皇帝干脆堂而皇之地将国库管理权移交到了自己任命的官员手中。既然对抗不过上头，元老院便对付起了下面的人民大会，将包括选举权在内的部分权力攫取到手。

帝国的缔造者奥古斯都在位时，人民大会的立法活动仍很活跃。但第二任皇帝提比略上位以后，便剥夺了他们对法律的表决权和对大法官的推选权。战神原上，那座用于人民大会进行投票选举的朱利奥围廊，原本是见证罗马城政治风云变幻的场所，从此以后却逐渐变成了一座帝国高档华贵的商品展销场所。

帝国管理层最大的特色是数量众多的皇帝官僚，他们被视为皇帝个人的雇员，服务于皇帝，而不是国家。他们掌管着庞大帝国的各种具体事务，从城市的行政、粮务、治安长官，到道路、建筑、水渠和河道的保佐人（主管）。皇帝官僚最开始几乎都是从皇帝的被释奴中选拔，后来随着越来越多骑士阶层的加入，逐渐形成一股与元老贵族相抗衡的力量。他们的行政机构散布于城内各处：城市行政长官官署在俄斯奎里诺山的大地女神神庙附近；水务主管的水务站和粮务主管的粮务站可能都在台伯河右岸、塞维鲁城墙外的米努其奥围廊中。

由于罗马城有一道"神圣边界"，军队进入时需要解除武装，因此在共和国时期罗马城内从未有军队的固定驻地，实际上也一直排斥在城内有武装军队。直到奥古斯都时期，才首次在罗马配置常设军队。帝国都城的主要武装力量有禁军、城市步兵、精锐骑兵、密探、拉文纳帝国舰队，以及一支米森农特遣舰队。

禁军在共和国时期指的是罗马统治者和指挥官到国外时所随从的朋友和门客。菲利普战役后，安东尼和屋大维（即后来的奥古斯都）将 8000 名士兵组建成新的禁军，分为九个大队，三支驻扎在罗马城，其他分布在意大利各处。禁军为皇帝提供近身护卫，作战时则是精锐力量，地位和待遇都高于普通军团。公元 23 年，提比略皇帝将分散各处的禁军召回罗马。禁军营在城东北神圣边界外的维米那勒山和俄斯奎里诺山之间，是罗马的制高点之一，控制着整座城市及向东的要道，营内有营房、法庭、军旗圣坛、战神圣坛、军械库，营外有训练场和幸运女神祭坛。

城市步兵相当于都城的警察。公元 13 年组建，只有三个大队，番号紧接禁军大队之后，装备、组织和指挥的方式与禁军相同，服役条件略逊于禁军，但仍比普通军团优厚。他们一直驻扎在禁军军营中，直到 3 世纪才在战神原北边另辟一处独立的军营，可能就在今天那座著名的西班牙广场附近。

精锐骑兵直属于皇帝，也被称为"侦察队"，与禁军职能相似。他们驻扎在切利奥山，也就是皇帝的居住区内。台伯河左岸的城外还驻有一支非正式的日耳曼骑兵。

密探队是在行省长官和皇帝之间传递信息的军团，原本一直驻扎在禁军营，图拉真时专门为他们在切利奥山上修建了异族兵营。3 世纪初，他们改为秘密服役，参与间谍活动和政治暗杀。

拉文纳帝国舰队的海军负责执行与都城相关的特别任务，军营可能在台伯河右岸。战神原上有专供海军使用的纳瓦利亚战船码头。米森农特遣舰队是专供都城"娱乐"的海军，负责在斗兽场和海战剧场操纵幕布并上演海战剧，军营在欧匹奥山上。

第九章

农业、手工业、商业是长安与罗马最基础的生业方式，百工农商熙熙攘攘，在城中各司其职。另外，建筑业是罗马的重要经济支柱，形成了成熟的行业规范和发达的产业链。行业协会是罗马的特色，以职业为单位形成的团体，贯穿了罗马人由生到死的各个环节：在剧院按行业就坐、在公墓按行业入葬……

生计

第一节　长安百工九市

　　长安城内的手工业作坊几乎都是官营的，专门制作皇室和官府所需产品，大都集中在城内西北隅，尤以西市最为密集，包括砖瓦作坊、陶俑作坊、铁器作坊、钱币作坊。城郊的官府手工业作坊规模也很庞大，多是为了烧造宫室和陵寝所需建材的窑场，渭河北岸的大型砖瓦窑场址有75座，而武帝时在杜陵原南的秦岭北麓设立大型砖瓦窑场，甚至包括数千座窑，足见当年建筑工程之浩大。帝陵附近各有就近烧造建筑材料和随葬品的窑址，像文帝霸陵附近的陶俑窑址、景帝阳陵陪葬墓园内的窑址和成帝延陵以南的砖瓦窑址。

　　民营的手工业作坊多在长安城北郊和西北郊，尤其是日用品生产和食品加工等作坊，以及烧造建材的砖瓦窑。长安城内西市以西仅有极少数与居民日用品生产有关的陶器作坊，且在武帝之后渐渐停止生产，可能是被越来越多的皇室建筑挤压了生存空间。

铸钱是中央政府的专有权力，作坊在西郊的建章宫、上林苑等地。市面流行的钱只要能辨认钱文的、金不青赤的都称为行钱、行金，商户必须收受。如果有人熔毁行钱重铸成其他铜器或制作假金，会被在脸上刺青成为刑徒。当时也有人私铸铜钱，一旦被发现，那这条产业链上的人统统都会被处以弃市的极刑，如果他们的家人或所在闾里的官吏知情不报，就要连坐受刑。计划私铸钱且已购置工具但还未开始铸造的，也要被黥为刑徒。如果协助官府捉拿到私铸钱币者的人，则可以晋爵一级，或者帮自己及别人免罪，甚至可免死罪。

虽然国家政策常常强调重农抑商，但是司马迁也早看破了生活最艰难的仍然是广大农民，所谓"以贫求富，农不如工，工不如商，刺绣文不如倚市门"，文人和朝臣们常常批评的"舍本逐末"之世风也就不足为奇了。西汉皇朝内部政治环境比较良好，打破了各个地区的关禁，商贾们得以畅通无阻地在帝国的任何一个地方进行交易。

关中地区处在巴蜀、羌中和戎翟之间的要道上，物资交通格外便利。占天下三分之一土地的关中生活着西汉十分之三的人口，然而其富裕程度却占十分之六。地少人多的长安几乎集中了天下最有购买力的一群人，对各种商品的消费

四川成都扬子山汉墓"弋猎收获图"画像砖

陕北绥德东汉画像"石牛耕图"

需求量都很大，尤其是酒、酱、浆、牲畜、粮食、木材、丝织品、皮毛、木器、铁器、铜器、漆器、蔬菜、水果等，所需甚巨，很多从事这些行业的商人都获利甚多，成为巨贾。当时"千金之家比一都之君，巨万者乃与王者同乐"，大商人们只是政治地位略低，但是在物资享受、社会地位等各个方面都不逊色于贵族高官。

司马相如的岳父卓王孙就是以铁致富的大商人，家中僮仆千人，良田池苑千顷，与一个诸侯国君差不多。时人常将售卖商品冠于商家姓氏之前，长安知名的高訾名豪有丹王君房、豉樊少翁、豉王孙大卿、箭张回、酒赵放。但其中一些人蓄养刺客，上干王法，下乱吏治，鱼肉百姓，连二千石的高官也拿他们无可奈何。

古籍中皆称汉时长安有九市。"九"是古代文人在敷陈砌词时常用的虚数，实际存在的市应当不止九个。长安西北，经横桥、渭桥可至五陵邑，横贯关中平原的东西要道也由此经过。可能正出于交通便利的考虑，城内外的市大多都汇集于此。

市和闾里一样，基本都是四周筑墙，墙上辟门，称市门。官市的墙垣不允许随意毁坏和翻越。市内的道路称为隧。市中央有市楼，因立有旗帜，又称旗亭、旗亭楼。市内的商肆称为市肆，经营同类商品的商肆排列在一起，因此又称列肆或市列。市场四角有存放商品的市廛。商贾向官府登记市籍并缴纳租金后才能在市内营业，无籍、逃租、欺诈、出售伪劣产品等行为将受惩处。市场开放的时段，商品的种类、数量、质量、价格和度量衡都有严格的规定和限制。

长安城内有东、西、南、北四市。武帝时，直指绣衣使者江充与卫太子曾有过节，担心太子一旦登基便会对自己不利，于是掀起了一场巫蛊案，将罪名直指太子。当时武帝在甘泉宫养病，皇后屡次派人前往都未有消息。惊惧的太子怀疑武帝已遭奸臣控制，遂斩杀江充，发兵入丞相府，丞相仓促出逃。武帝听闻消息后大怒，令丞相紧闭城门，剿杀"反贼"，自己则返回建章宫坐镇。困在城中的卫太子矫制赦免长安囚徒，取出武库兵器，欲召集长水和宣曲胡骑、北军而未成，只好强征长安四市数万人之众，在长乐宫西阙之下与丞相军苦战五日，血流成河。后太子兵败，从覆盎门杀出城外，辗转逃亡后终是自尽身亡。从这段记载看来，四市中应该人数不少。

东市即萧何于高祖六年所立的"大市"，西市兴建之后才更名。这一带是长安城内人口最密集的区域，东临宣平门内的闾里，南近"北阙甲第"，西邻西市手工业区，占地约 0.5 平方公里，是长安城内的第一大市场，不少著名的大商人如"东市贾万"、"东市令"王好卿等都在此活动。公开行刑也在东市。西市建于惠帝六年，占地约 0.2 平方公里，商业活动不如东市发达，主要是各种手工业作坊，其中一些是直属中央管辖的，如铸币作坊、制作东园温明的陶俑作坊等。所谓"东园温明"，是由少府下辖的东园匠制作的皇室专用丧葬明器。东市和西市四面各辟两门，市内都有两横两纵的道路，两市之间的横门大街上有当市观，是市场管理机构。

都城近郊和五陵邑都有市。长陵邑有长陵小市。直市在通往阳陵的东渭桥以北、富平津西南，为秦文公所立，因物无二价而得名。交门市可能在横桥（中渭桥）以北。孝里市位于雍门东北，在安陵邑之南、平陵邑之东，因近长安东北的孝里而得名，为陵邑一带的商品贸易而设。交道亭市位于便桥以东，可能是成帝延陵近旁。此地是由长安通西北的东西大道和由南山的褒斜道、子午道通池阳（今泾阳）的南北大道交叉处，所以汉在此设交道亭以维持治安，设交道亭市以利贸易。柳市可能在城西郊渭河边的细柳仓，武帝所筑便桥之西，在昆明池南、细柳营之旁。槐市在太学北面，由王莽奏请所起，没有专门的建筑，以数百行槐树为隧，每逢朔望之日开市，太学生们带着各自郡中所产的货物和经传书籍、笙磬乐器来相互交易，买卖之间，常常三五成群在槐下高谈阔论。长安还有酒市、高市。成帝、哀帝年间，奢靡跋扈的曲阳侯王根甚至在自己的私宅中修建了两座市场。

所谓"市井之民"，饮水的井和购物的市是百姓生活中所不可或缺的。长安市内，只要当时能在市面交易的物品都可以在这里买到，阳春白雪如书籍、文具、乐器，下里巴人如肉、饼、浆、酱、豉、衣服、鞋履，还有棺椁、寿衣、敛被等丧葬用品以及僮隶。市内还有酒肆、书肆、卜肆。一些落魄文人可以替书肆主人抄书挣钱。

市之内，形形色色、三教九流，既有雍容揖让的士女，也有斤斤计较的商人；既有烟火气息的布衣，也有世外高人的卜者；既有勤勉持业的百姓，也有游荡无业的闲人；既有富贾大商，也有乞丐贫民。人们在这里交易买卖，也在这里观赏百戏，有时候熙熙攘攘的市会变成令人生惧的法场，统治者们在这里怀着"杀鸡儆猴"的目的公开行刑。刘贺被废后，昌邑国的一众臣子就被"弃市"，号呼着"当断不断，反遭其乱"，一日之内死了上百人，血腥味数日不消。后来鲁迅先生所谓中国人麻木不仁的看客心理，大概就是在这样一场场的"显戮"中形成的。有时候，市的正常秩序会受到特权阶层的扰乱。哀帝宠臣董贤但凡宴请宾客、亲戚聚会，都由使者护送到市内，随意拿取商品。王莽时负责采办的中黄门王业亦强行以低价购买商品。

第二节　罗马行会商市

　　如果一条条阅读那些刻在墓葬里的铭文，我们可以看到在罗马曾有这么多从事手工业的人们：金银匠、木匠、染匠、皮革匠、铁匠、陶工、花环制造者，等等。如果再一处处复原街道或广场的帝国景观，会发现很多地方都有作坊：鞋匠巷、香料巷、粗布广场。俄斯奎里诺山和大马戏场附近有陶器作坊，庞培剧院附近有女靴作坊，牛广场附近有木工作坊，五百人广场附近有制砖作坊，切利奥山上有木匠，陶片山旁有造船作坊和大理石作坊，吉安尼克罗山脚和克列塔山附近有餐具和油灯制造厂，奎里那勒山的百花女神神庙附近有胭脂作坊，拉特拉诺区有砖窑，奥勒留门内有公共磨坊。并且这些作坊都有自己的行会。

　　规模最大的行会是建筑师协会，需要缴纳入会费，其成员几乎都是被释奴和自由民，受过良好的职业训练，大多是

庞培城的酿酒作坊和葡萄园

小型建筑工作室的负责人。从事建筑业的有设计师、技工和普通工人，大部分普通工人都是奴隶，由贵族家庭进行培养。设计师负责工程设计、成本核算和全面监督，包括与顾客联系，一些著名的希腊建筑设计师酬金很高。具体的工程实施由"包工头"负责，这就需要签订合同，维特鲁威在他的《建筑十书》里就向建筑师们推荐了一份合同样本，并建议设计师们都要具备一定的法律知识，才能帮助他们的顾客避免不必要的纠纷。合同中顾客和"包工头"双方就施工内容、报酬、工期和一些将会遇到的情况达成协议。期间如果产生纠纷，通常由建筑监察员来进行评估。

　　一般小型的私人建筑通常是两到四年建成，需要十六七名工人，其中 5 名石匠、六七名石匠学徒、1 名木工、1 名瓦匠、1 名灰泥工和 1 名地板工，以及他们的助手，如果加上"包工头"本人和负责运输建筑材料的工人，实际人数应当更多。大规模的公共建筑花费的时间和人力更多，像卡拉卡拉浴场，平均需要 6000 人每天工作 12 个小时，每年工作 300天，超过 4 年才完成。在顶峰时期大概有 10000 人同时在工地，约有 5000 名普通工人或学徒、4600 名技工。这 4 年里，

神庙建筑模型

用了 700 名大理石工匠，最后又用了 500 名装饰工。总的来算，在罗马城内，大致有 1.2 万—2 万人直接被雇佣做建筑工作，从事建筑行业的人数大概占总人口比例的 3%—6%，约占成年男性人口数量的 15%。再加上建筑材料生产者、运输工人等，这个数字更加可观。考古研究表明，罗马人在帝国的四个世纪内足足开采了 550 万立方米的石头。

罗马城是地中海之滨繁华的商业贸易集散地，《十四区志》列举了 326 个市场和仓库，但迄今只能确定其中的一小部分，既有附属在公寓、市场、浴场甚至神庙台基中的零售店，也有专门的市场和商业广场，一些仓库内也开有商铺。大型商业场所提供了良好的购物环境，个体商店亦很繁荣。

不同的地段区分了商人和顾客的身份。城中心区罗马广场附近的神圣大道是黄金路段之一，有金银器、珠宝等奢侈品商店，鲜花商、水果商也在此云集。除了这条奢侈品"商业街"以外，罗马城内还有两处著名的高档"商场"——战神原南部的选举围廊和帝国广场北面的图拉真市场。它们的规划和立面装饰都很考究，实用性之外还带有刺激购买欲的"包装"。

选举围廊原本是公元前 26 年建成的人民大会选举会场。公元 15 年，提比略皇帝将大法官的选举从人民大会转移到元老院，这处建筑遂失去了它的政治功能。围廊西侧的空地被用作角斗、海战、体育比赛和演讲的场地，围廊的顶层放置了长椅，人们坐在这里的阴凉处观看表演。围廊内则进驻各种商店，逐渐变成一个奢侈品商业中心，只有那些财大气粗的人才买得起这里出售的商品：高档家具、贵金属和宝石装饰品、金币、珠宝首饰等。每年12月，罗马人开始为即将到来的农神节挑选礼物，选举围廊和城内其他市场都会举行集市，和今天的圣诞集市类似。而对于上流社会来说，只有选举围廊才能买到足以匹配他们财富和地位、送得出手的贵重礼物。

图拉真市场是2世纪初由图拉真皇帝出资建立的，在城中心广场区和贵族区奎里那勒山附近。这座空间宽敞且装饰奢华的市场是文化、休闲与购物结合的场所，很快成为罗马城内贵人们花钱如流水的另一个好去处。市场分为东西两区，其间以饮料大道（可能与其中一些商店的功能有关）隔开。东区的半圆建筑（1）有三层，红砖砌造，两端各有一个半圆大厅，北厅用于朗读等文化表演，南厅用途不明。底层共有11间店铺，地板镶嵌马赛克，墙上描绘壁画；二层是一条拱形走廊，其中开设10间店铺，走廊向北拐向另一条走廊（3）；三层是露台和店铺。经由饮料大道上一段陡峭的楼梯

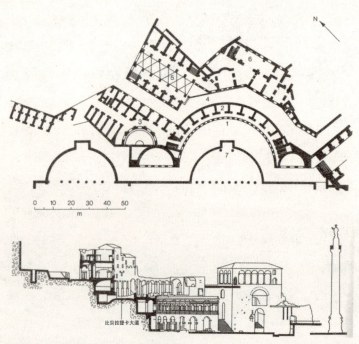

菲利普·科阿莱利，图拉真市场平剖面图

可进入西区的街廊及管理机构。交叉穹窿顶的街廊（5）有两层，底层两侧各开六间商店，上层是图拉真广场管理办公室和"恺撒财务处"，即元老的贵重物品存放处。街廊南侧一列两层的房间（6）是市场的管理机构。

普通人自然不会光顾这些一掷千金的市场，他们有自己更喜欢的去处。在文蒂诺区河运码头密集的店铺中，能买到刚到埠的物品和食品，也许还有新鲜的鱼虾。埃文蒂诺山下，一条名为粮食巷的路边尽是面市、鱼市、豆市这些露天经营的分类摊档。战神原北边有猪市，在某个地方还有酒市。奥古斯都以妻子莉维亚之名命名的市场在俄斯奎里诺山上，尼禄修建的大市场在切利奥山上，这两个都是更接地气的市场。前者为占地两千平方米的围廊庭院；后者是一座半球顶的圆形双层柱廊。不过人们最常去的，还要数台伯河东岸码头附近的家畜肉类市场"牛广场"和蔬菜、香草、橄榄油市场"油广场"。

牛广场的边界东至大马戏场，北达坎匹多伊奥山，西及

图拉真市场

台伯河，南抵埃文蒂诺山，也就是今天的真理之口广场及其周围。广场四周的界碑特别申明，露天空间是不可侵占的公共财产。广场中安放一尊镀金青铜的米诺陶雕塑，即希腊神话中米诺斯迷宫内那头牛首人身的怪物。各种家畜肉类在这块空地上以摊档的形式出售。广场周围有几座祭坛和神庙：码头神神庙、贵族的贞节女神神庙、幸运女神神庙和白昼女神神庙。曾驯服过米诺陶的大力神赫拉克勒斯在这里亦有一座祭坛和一座神庙。

买完肉，沿着牛广场东边的一条街道向南走，就能来到卖蔬菜的油广场。油广场东南和东北分别延伸到塞维鲁城墙和卡匹托利尼山，西边最初可能到河边，但后来范围缩小，北面有围墙和围廊。广场的地面铺着石灰岩板，也是和牛广场一样的露天经营模式。这里有共和国时期修建的杰纳斯神庙、希望女神神庙、虔诚女神神庙、赫拉克勒斯神庙和胜利女神神庙。

第十章

长安人度过闲暇时光的方式也是阶层间相互隔离的，宫中巷内，各有百戏，只有极少的一些场合中，才有不分贵贱的共同娱乐。相比而言，罗马人的娱乐方式花样繁多，元首、贵族、平民共同娱乐，他们有浴场、剧院、斗兽场、马戏场、体育场、音乐厅——直到今天，我们仍在娱乐着罗马人之娱乐。

闲暇

第一节　汉帝国的娱乐文化

　　长安城内，皇室、贵族、官吏、平民各安其职，尤其在社会上层和社会中下层之间，生活是相互隔离的。皇帝与贵族有专门的猎场、兽圈、鞠城和角马场等，里巷中也有平民的公共娱乐竞技场所，很少有一个公共场所，尤其是公共娱乐场所将各种身份的人联系在一起。上林苑的平乐观却是一个异数，在观中的广场内，百戏纷呈，有角抵、扛鼎、幻术、杂技、斗鸡、赛马，是皇室和达官显贵们的游戏场所，有时平民也被允许观看表演。武帝时多次在这里举办角抵比赛，300 里内无论官民皆汇集在此观看，一时间万人空巷。

　　如果说政治、经济是帝国的硬刺，那么娱乐、文化则是帝国的鲜花。硬刺可以抗衡内外，代表着强大，而鲜花则代表着美丽和繁华。娱乐方式的多样化和精致化实际上是西汉帝国文化实力的表现，而汉帝国的一些理念正可借由娱乐方

东汉荷塘渔猎画像砖，四川彭县三界乡征集

式向外传播。

　　西汉时期流行的娱乐方式主要有游猎、蹴鞠、斗兽、马戏、斗鸡、走狗、百戏、角抵、六博、武术等。据说和现代足球起源相关的蹴鞠盛行于宫廷和民间。举行蹴鞠的场地被称为鞠城、鞠室或鞠域，呈方形，两端各设一座半月形的球门。宫苑中有含章鞠室和灵芝鞠室，有些高官豪富的私第中也有鞠城，一般的闾里中亦盛行蹴鞠。当时还出现了《蹴鞠》、《蹴鞠书》等专门的著作。被吕太后做成"人彘"的戚姬便是被囚禁在鞠域之中。

上林苑

西汉皇室们居住在深宫中，虽然严密的保护措施极大地保证了皇帝的安全，对比起常常被暗杀的罗马皇帝来说尤其如此，但是也极大地限制了他的自由。微服出行毕竟只是偶尔的事情，次数太多了便会如汉成帝一般被大臣们指摘是有失"国祥"的行为。最好的方法便是让游玩场所都变成"禁中"，一旦在此修建了禁苑，那么游乐田猎都是光明正大的事了。这种"娱乐事业"在武帝朝被发展到极致，整个关中地区几乎都布满了皇家的离宫别馆，最有名的莫过于上林苑。

汉武帝酷爱狩猎，常会因为追赶猎物毁坏农田，于是令太中大夫吾丘寿王等人在长安城的西南郊扩建专供皇室游猎的上林苑。上林苑始建于战国，这次扩建工程规模宏大，从今天的地图来看，范围西至周至县终南镇，东至蓝田县焦岱镇，南至秦岭山脉北麓，北到渭河。这就需要迁走一大批原先居住在此处的百姓，并占据众多良田，拆毁众多民舍，夷平大批先人墓葬。虽然武帝的能臣们设计了一套对鄠杜之民的赔偿方案，但听在随侍的东方朔耳中，却不是那么妥当。他对武帝进谏道，上林苑所要占据的地方土地肥沃、物产丰富，是手工业和农业赖以发展的所谓"土膏"之地。一旦这些土地被征为皇家苑囿，则良田必毁、住宅墓葬必坏，无论从民众的利益还是感情上来说，都不是个好的决策，何况修建上林苑工程浩大，劳民伤财。武帝赞许了东方朔的这番言论，赐他升官和黄金百斤，却没有因此而搁置自己的构想，吾丘寿王终是执行了上林苑的规划。

建上林苑时，四方群臣纷纷进献名果异树，苑内常是垂条扶疏、果实累累、落英繁丽。武帝元鼎六年破南越后建造扶荔宫，其中种满了从南越移植来的奇草异木。由于南北气候差异太大，这些花木多半枯瘁。从交趾移植来的上百棵荔枝无一成活，却仍然连年移植。数年后，偶有一株成活，虽不结实，武帝却十分珍爱。后来这棵树也枯死了，武帝一怒之下诛杀了数十吏卒，遂未再移植荔枝树，但是每年仍然从南方进贡荔枝。荔枝极难保鲜，为了尽快运送进京，邮传者常常累死在路上，成为一患，到东汉安帝时，交趾郡守唐羌极陈其弊，才停止了进贡。

上林苑也并非全然只是娱游之处，这里还驻扎禁军，作为宫城外的一片缓冲地带，它有保卫宫城安全的职能。所有事物都有多面性，上林苑的修建对于平民百姓来说也有好处，至少对长安城内的居民来说，苑中的昆明池保证了都城的水源供应。

这片宏伟的皇家园林历经千年岁月，早已荡然无存。后人只能从司马相如的锦绣辞藻和绝艳文采中领略那片风光：浩水汤汤，崇山矗矗，深林巨木，奇花异卉，飞禽走兽，朝晖夕阴，春华秋实，平原广野可容千乘万骑，宫阁台观错落川壑隰坂之间，有池沼、市郭、鱼台、犬台、苑囿，也有兽圈、耕地、牧场、猎场、铸币场和官营手工业作坊等。

通过《三辅黄图》、《西京杂记》等书，还可知道上林苑内有这样一些景观：五柞宫内有五棵连抱的柞树，冬夏常青，绿荫重重；宫西有青梧观，内有双梧桐，树下有一对石麒麟，据说原为秦始皇陵之物；长杨宫接秦岭北麓，峰岭错列，沟谷相连，林木葱郁，是游猎区和阅兵场，秋冬举行打猎比赛，武士们搏射野兽，天子登上长杨榭观看评比。

水景的设计也让这座广阔御苑添色不少。苑中有十池，蒯池生蒯草；积草池中有珊瑚树，高丈余，号为烽火树，夜晚仍璀璨绚丽；昆台池中栽满莲荷菱荇；天泉池上有楼阁宫馆；琳池中种满低光荷，一茎四叶，日照时分荷叶低垂，果实像玄珠，可以饰佩，花叶枯萎后仍然芬馥十里，食之口气清香，宫人都非常珍爱，游宴出入都含嚼花叶，或是裁叶为衣，或是折叶障日。这些池或精致或绮丽或小巧，不过论气势都抵不上昆明池。

建造昆明池的缘起是元狩三年的大旱，遂建之作为长安西南郊的蓄水池，不仅可以有效供应城内外宫殿区用水，接济漕渠，还可以作为水战演习的场所。武帝时曾派遣使者去身毒国（天竺），却被昆明所阻，武帝遂决定讨伐之。该国有滇池，方圆三百里，因此仿之修建了昆明池。昆明池周长约 17.6 公里，面积约 16.6 平方公里，池东的水渠从古沵水引水，池西和池北的几个出水口分别通向古丰水、镐池和沵水。昆明池建成之后，池中置戈船数十、楼船百艘。楼船高十余丈，上立戈、矛等武器，并挂有旗帜，非常壮观，堪称汉代的"航母"。后来破南越，取西南夷，攻东越，都用到了这些战船。

干戈停息后，昆明池与战争有关的色彩渐渐淡去，成为娱乐游玩之处。池南岸和东岸楼馆环列，池中有耸峙的豫章观，武帝常让宫女泛龙首船于池中，凤盖华旗，唱棹歌，以鼓吹伴奏，自己则登高远望，水景尽收眼底，乐声隔水飘来，尤觉悠扬。水中还有长达三丈的石鲸，也养有鱼鳖，除供给诸陵庙祭祀，剩余的则拿到长安市售卖。

昆明池畔有牛郎织女的石雕，可能用来标记昆明池的水位，或以此影射这片水域与天上"河汉"的对应关系。以今天的审美眼光来看，这两尊石雕相当朴拙。可能不仅是工艺方面的原因，秦汉时期不乏精妙绝伦的雕塑，最著名的例子是秦始皇陵兵马俑，面容栩栩如生。但 60 年后的汉景帝阳陵中出土的兵马俑，在工艺上呈现出倒退的趋势。这其中固然有汉景帝较秦始皇节俭的因素，但另一个重要原因恐怕与汉初巫蛊之术的兴盛有关。武帝时的巫蛊之祸牵连之广也与人们对巫蛊的恐惧有关，他们确信，胡巫将偶人埋入地下后行诅咒之术，可以给诅咒对象带来可怕的伤害。随葬俑也是埋在地下的人偶，也许正是出于对巫蛊的忌讳，葬入墓中的人俑不再做得逼真。

离宫

如果把上林苑比作明月，那么散落在长安郊区的其他禁苑离宫则如星辰，虽不能与明月之辉相比，却各有妙趣。

宜春苑在长安城东南郊的杜县之东，与下杜相近。经过漫长的坡道，才能走进这嵯峨宫室，在这里可以俯视曲折潆洄的洲渚，遥望参差起伏的南山。后来唐长安城的曲江池便在此处。乐游苑在杜陵西北，宣帝所建。苑中有玫瑰树，树下多苜蓿，日照其花而多光彩。御宿苑在长安南郊终南山下，武帝时建。园中所出的梨子个大皮薄，落地则破，故摘梨时须先以布囊承接，梨入口即化，清甜无比，号称"含消梨"。

影娥池，武帝凿池以玩月，其旁起望鹄台以眺月，池中放舟，让宫人乘舟弄水中月影，如仙人缥缈往来。

长安城的离宫中，长门宫大概最为人所熟知，最初为武帝的姑姑馆陶公主的私园。馆陶公主又称窦太主，寡居，极宠近侍董偃，此人气度不凡又为人和善，名动长安，人称"董君"。然而汉律规定，如果家奴娶了主人、主人的母亲或是妻女，本人将处以弃市极刑。因此董偃以人臣私侍公主是重罪，这一直是他心中的隐忧，于是有人建议他劝窦太主献出长门园作为武帝前往文帝庙祭祀时的行宫。这果然令武帝大悦，遂将此园更名为长门宫。武帝的陈皇后（也即窦太主的女儿）被废之后，便住在东郊这座原为她母亲私园的长门宫内。

陕西西安曲江池

第二节　罗马声色世情

哈德良别墅

生活在1世纪的哈德良据说是一位全面发展的聪明皇帝，诗歌、数学、建筑、绘画都造诣颇精。他的爱好是旅行和建筑，尤其偏爱穹顶造型的建筑，这是被当时顶尖的希腊建筑师所藐视的建筑形式。据说在他还年轻的时候，有一次他的养父图拉真皇帝与著名的建筑师阿波罗多格斯讨论建筑问题，哈德良忍不住发表自己的见解，却遭到建筑师的嘲笑："你还是去摆弄你的大冬瓜吧，对我们所说的问题你是个门外汉。"阿波罗多格斯说的"大冬瓜"正是哈德良后来修建的万神殿那精妙绝伦的穹顶。不知是因为顾虑自己建筑品味不入流还是一贯的谦逊，万神殿上并没有留下皇帝的名字。当然嘲笑他的建筑师也付出了代价，最终被哈德良所杀。

哈德良留下的建筑精品中，除了长城、万神殿，便是这

哈德良别墅

座距离罗马 20 多公里、令蒂沃利花费 15 年才修建成的别墅。别墅占地 18 平方公里，是罗马城区面积的两倍多。这里除了没有商业区和居民区，几乎就是一座城，广场、神庙、图书馆、剧场、宫殿、花园、浴场、柱廊、仓库、运河和岛屿等应有尽有，蔚为大观。

水是别墅的主题。水流从南端引入，通过管道和水塔组成的复杂系统流过整个别墅。已知的水景有 12 个莲花形喷泉，30 个普通喷泉，6 个水帘洞，6 个大浴场，10 个蓄水池，既有动水景观，也有静水景观。

这里集中了古埃及、古希腊、古罗马以及东方的一些美景。走遍帝国行省、阅尽世间繁华的哈德良将这里作为他心灵的安居地，把他所看过的好风景都尽撷于此。

戏剧和海战剧

罗马城的娱乐设施几乎都是公共的，虽然有些建筑中有严格的等级分区，但是任何公民只要愿意付门票，都可以在里面有一席之地。这些设施到帝国时期几乎全由元首修建，成为其地位和权力的标志，同时也是招徕政治资源、获取良好名声的手段，体现统治阶层对于公众福祉的关注。元首个人的品位和偏爱决定着娱乐的性质和娱乐设施的类型。

至少从公元前 3 世纪开始，罗马就出现了戏剧表演。一方面，戏剧最初与宗教节日有关，被认为是对主管灾难的神灵的抚慰，或是在一位杰出公民的葬礼中上演。另一方面，戏剧是塑造观众文化记忆、民族认同感和政治宣传的工具。统治者从观众的反应可以判断其政治立场，从而采取相应的政策。例如，观众曾为戏剧中"公正仁慈的主人"鼓掌喝彩，并向在场的奥古斯都皇帝致意，后者立即示意他们安静，并在第二天颁布法令，禁止任何人以涉及或暗示专制的词汇如"主人"来评论他。

　　剧场座席有严格的秩序，根据身份（奴隶或自由民，平民或军人，俗人或祭司）、阶层（平民、骑士或元老）、年龄（成年人或儿童）、婚姻状况和性别划分。但存在一些例外，如维斯塔贞女有一个面对大法官的包厢，个别的行会和协会可能也有专座。

　　罗马的三大剧场都在战神原。为了维护传统剧场的宗教性，共和国的法律禁止建造固定的剧场，只能在祭祀场所附近搭建木质的临时剧场。但庞培利用维纳斯神庙的台基修建了石质的固定剧场，阶梯观众席也是神庙的通道。庞培剧场

马塞留剧场

是三层半圆形的连拱廊，约能容纳 1 万名观众。舞台外侧东南是庞培围廊，中部有花园。剧场中可能有荣誉之神、美德之神和幸福女神的祭坛。后来尼禄将舞台和剧场外部镀金并装置遮阳篷。马塞留剧场由奥古斯都完成，公元前 13 年以侄子马塞留的名字题献。剧场是三层半圆形的露天拱廊，舞台两端各有一个半圆大厅，其中一个可能是导演室。巴勒伯剧场题献于公元前 13 年，邻近台伯河，可容纳约 7700 名观众。

奥维德的"恋爱手册"《爱经》中将剧院列为邂逅心上人和谈情说爱圣地的首选。妆容精致的女子们成群结队到剧院观看演出，在那些装饰的帷幔间、藏红花汁染红的舞台之下、演员和着木笛的顿足声里、观众放纵激情的欢呼声中，上演的却是追情逐爱的攻心战。

普通的戏剧看多了便让人觉得腻味，于是从恺撒开始，开发了一种新的戏剧节目——海战剧。这种新鲜而奢侈的表演形式逢迎了罗马观众的猎奇心理，同时也影射罗马在海上的霸权：英明神武的指挥官们带着勇猛的舰队，最终让海上的敌人和陆地上的一样臣服于帝国。通过重演一出真实或虚拟的海战，让罗马人民再度为自己生活在这"威权下之和平"的伟大帝国而感到光荣。

第一个修建海战剧场的是恺撒，他在战神原开挖了一个人工湖，举行推罗舰队和埃及舰队之间的海战。这并非一场真正发生过的海战，而是戏剧的虚拟。他死后湖被回填，但奥古斯都紧追其养父的脚步，在战神原南部开挖了一个海战剧场，用 3000 名海军重演希波战争中决定性的萨拉米斯海战，作为奥古斯都广场上复仇者战神神庙落成庆典的一部分。湖中有一岛一桥作为布景，附近有洞穴、森林和花园。后来图密善、图拉真也先后修建了海战剧场。

斗兽场

长安人和罗马人都热衷于观看和参与斗兽。不过长安的平民钟爱一种小巧的"斗兽"或者应该说是"斗禽"——斗鸡。这种娱乐活动对场地的要求不高，寻常里巷或是市肆都可进行。皇室贵族们除斗鸡之外，还喜欢观看血腥而惊险的猛兽搏斗或人兽搏斗。武帝之子广陵王刘胥就很喜欢空手搏兽，动作没有轻重，既残忍又无视自身安全，这也成了他不能继承帝位的原因之一。

未央宫彘圈、上林苑虎圈、建章宫西南的狮子圈、建章宫之西的虎圈都是举行斗兽的场所，北宫和桂宫可能也都有兽圈。兽圈是一种圆形的建筑，斗兽的场地在地势较低之处，四周有坚固的防御设施。观众则在兽圈周围的高楼上观看。猛兽由槛车运送，又以网状的升降设施放到兽圈内。表演包括人兽相搏或猛兽相搏。郎中令李敢的儿子李禹与侍中贵人饮酒时有失礼之处，武帝得知后让他去虎圈搏虎。李禹在升降设施中还未到地面，武帝又改变主意让他出来，李禹却挥剑将绳索斩断，准备与猛虎相斗，武帝忙命人将他救出。建昭年间，元帝携宫人到虎圈观看斗兽，忽然有熊出圈，翻过栏槛直欲上殿，一时间后妃皆慌乱惊逃，只有婕妤冯媛上前挡熊而立。卫兵将熊杀死，冯媛也因此得到元帝的爱重，尊为昭仪并立其子为王。成帝向胡人夸耀南山多禽兽，随后令百姓入山捕捉野兽，运到上林苑长杨宫的射熊馆内，周围用网拦上，其中不乏熊罴、豪猪、虎豹一类猛兽，让胡人们空手搏斗，他自己则在旁观看。大概这类表演太过残忍和危险，成帝以后，驯兽表演逐

（明）丁云鹏，《冯媛挡熊图》

斗兽场

渐取代斗兽成为流行。

这种小众的嗜好在罗马却是大众的流行。至少从公元前2世纪开始，为身份显赫的元老举行葬礼时，就会在罗马广场举行露天角斗士竞技。角斗场这种建筑在公元前1世纪中期就已出现在罗马共和国的殖民地或自治城，稍晚时候，屋大维手下一名姓塔乌罗的将军修建了罗马城第一座石结构的角斗场。

今天仍屹立在罗马市中心的斗兽场当年足可容纳5万名观众。现在俗称的"斗兽场"（Colosseum）是中世纪的叫法，意为巨大的，这可能是由于黄金屋的尼禄巨像被挪到这附近并改造成太阳神像的缘故，也可能就是指建筑本身的宏伟。

椭圆形的斗兽场共分四层，高52米，占地3357平方米，建筑外部和内部的底下两层为石灰岩结构，上面两层为白榴凝灰岩和混凝土结构，承压处有砖砌面，座位席由大理石砌成。底下三层为装饰着神祇和英雄雕塑的连拱廊，顶层间隔装饰窗户和圆盾。底层的拱门共 80 个。四端没有标号的拱门中，南、北拱门是皇家专用入口，东、西拱门则是表演者入口，其余 76 座拱门上均标有数字，是其他观众的入口。皇帝和城市执政长官坐在包厢内，其余观众则坐在由通道和矮墙划分为不同区域的阶梯座位席中：前下区、前上区共 20 排，后下区、后上区共 16 排，顶区是女士的木质座位席，屋顶上是站席。社会团体和贵族专属的座位上刻有名字，其他观众可以从入场券上的分区、排数和号数找到自己的座位。

竞技场为椭圆形，周围有防护栅栏和通道。竞技场的木地板下是 6 米深的地下结构，设有兽穴、升降机、各种机械器具和排水系统。

斗兽场附近还有一些附属结构。解衣室是战死的角斗士尸体被剥去铠甲，以及斗败的角斗士未被赦免死罪前逗留的地方。休息室是得胜或受伤的角斗士休息之处。顶级道具室储存着舞台布景和设备，还配备有医生，负责救治因机械故障受伤的舞台工作人员。

竞技营是角斗士的营房及训练学校，也有面对公众的小

大竞技营

型表演。斗兽场附近的 4 个竞技营可能总共驻扎了 1000 名角
斗士。其中大竞技营位于斗兽场东侧，两者间有隧道相连，
图密善时开始修建，由图拉真完成，经哈德良改建。竞技营
有三层，顶层有一条露天走廊，底下两层有围廊、角斗士宿
舍、元首祭坛和商店，约驻扎有几百名角斗士。中间是面积
约 2000 平方米的训练场，阶梯观众席有 9 排，设有包厢，共
能容纳约 3000 名观众。另外，清晨竞技营位于斗兽场东南侧，
驻扎早晨表演的角斗士；高卢竞技营位于斗兽场东侧，驻扎
由高卢俘虏组成的角斗士；达奇亚竞技营在斗兽场和清晨竞

技营之间，这里的角斗士可能由图密善在达奇亚战役后带回的俘虏组成。

角马场和马戏场

角狗、角马、驱驰戏车是长安贵族间流行的娱乐方式，其实就是赛狗、赛马、赛车。城内的北宫，城外的建章宫、平乐观内都辟有专门进行这类活动的场地，但是详细情况已不得而知了。

罗马的马戏和赛车起源于罗马首次战胜拉丁人之后的庆祝仪式。在仪式中，贵族少年或驾着战车驰骋，或表演令人眩目并提心吊胆的马技，还有由两队少年骑兵队表演的特洛伊战争游戏。恺撒时举行的两军对战，双方各用 500 名步兵，20 头大象，30 名骑兵。这种比赛兼表演的节目极受罗马人的欢迎。人们也进行赌马，常常谈论哪支马队更可能获胜。罗马城内有白衣马队、红衣马队、绿衣马队和蓝衣马队四支主要的马队，马厩在弗拉米尼奥马戏场附近，图密善时增加了紫衣马队和金衣马队。

大马戏场是热爱赛马、马戏和赛车的观众们常常光临的地方，别的马戏场无法与其比拟。大马戏场位于帕拉蒂诺山和埃文蒂诺山之间的山谷，公元前 4 世纪后半期修建，公元

大马戏场

前 46 年左右形成最终的外观。马戏场是三层连拱建筑，大概能容纳 15 万名观众。观众席的前排有元老、骑士的贵宾席。元首的包厢在原本用来供奉神灵的高台上，外观仍然保持了圣殿的样式。中部为赛场，设有跑道，起点处有木栅，中间是主持仪式的法官包厢，安全岛上有两根方尖碑。马戏场的安全岛和观众席中有双子星、太阳神、海神等神祇的祭坛。

从奥维德教导的恋爱策略来看，马戏场的座位可能不如剧院座席般有严格的性别和等级区分。他告诫男性们，那彪悍的骏马竞逐胜利女神的棕榈花环之处，正是爱神惠顾的场所，他们要尽可能紧挨着意中人坐下，从而获得交谈的机会，并且殷勤地为其拂拭赛马扬起的飞尘，还要时时留意别让后排看客的膝盖撞到她的背。

图书馆、音乐厅和体育场

罗马的公共图书馆一般都分为希腊语和拉丁语两区。很多图书馆都附属于神庙或围廊之类的其他建筑，屋大维娅围廊图书馆、帕拉蒂诺阿波罗图书馆、奥古斯都神庙图书馆、卡匹托利诺图书馆是其中几座比较著名的。图书馆内除了书籍以外，还陈列雕塑等各种艺术品，元老院有时候也在图书馆中集会。

公共文化设施还有图拉真市场和各大浴场中的演讲厅。哈德良建造了一所艺术学校，用来进行阅读、讲演和朗诵训练，形制类似剧场或角斗场，但不知其具体地址。

音乐厅是希腊式的建筑。许多元首都非常热爱音乐，尤以尼禄为最。他热衷于参加各种音乐比赛，并一反常规地在奥林匹亚运动会上设立音乐比赛。轮到他唱歌时，大门紧闭，任何人都不准离开。据说有些孕妇因此竟将孩子生在剧场里，但许多人偷偷跳过院墙，或者装死让人把他们抬出去。所有比赛的桂冠当然都只能授予这位暴君。尼禄返回罗马时，乘坐着奥古斯都用过的凯旋战车，命令全城人民像庆祝凯旋式一样庆祝这位"歌王"的归来。他把赢得的桂冠都挂在床头，旁边摆上自己弹琴的塑像，并铸造了同样形象的钱币。他为了保护自己的嗓子，从不向士兵发表演说，只以通信的方式或找人代讲。但是尼禄并没来得及将希腊的音乐厅带到罗马，反而是后来的图密善（他是狂

雅典城的哈德良图书馆

热的希腊文化爱好者）将遵循精密声学原理的音乐厅复制到了罗马的战神原。

图密善同时引进的还有希腊式的体育场，椭圆形，周围设置观众席，约能容纳 15000 名观众，旁边的拱廊被妓院占用。这与我们今天的体育场非常类似。著名的纳沃纳广场就建在这座体育场之上，几乎完全保留了它的形状和规模。罗马人在这里进行跑步、竞走、游泳、跳高、跳远、掷标枪、掷铁饼、滚铁环、体操、哑铃和马术等各项运动。最受欢迎的是球类运动：特里贡球是三个运动员互相投掷一个小球，哈帕斯图姆球是用铁圈和球一块玩，还有一种有弹力的球，

用充气的猪膀胱制作。这些体育训练通常由男性进行，女性不能参与。

浴场

在洗浴的问题上，大概最能体现出古代长安人和罗马人的差别。对长安人来说，沐浴是相当私人的事情，有时候是一种庄重的礼节和程序，在进行重大礼仪活动前都要斋戒、沐浴、更衣。西汉官员还有法定的"休沐"假。但是对汉代浴室的构造，我们知之甚少，考古只发现了一些与浴室相关的灯具，其中最著名的便是长信宫灯。

共浴在长安人的观念中是不可思议的，只有三月上巳节的祓禊除外，这一天不分男女尊卑，皆云集水边，游水自洁以驱除邪祟，这是流传已久的习俗。《论语》中孔子所赞同的曾点之言："莫春者，春服既成，冠者五六人，童子六七人，浴乎沂，风乎舞雩，咏而归。"这充满诗意的寥寥数语勾画出沂水边暮春祓禊的场景。西汉皇帝常到霸上祓禊。武帝某次祓禊回程路上顺道去了平阳公主府，公主精心挑选的美人他无一入眼，却看上了席前唱歌的卫子夫。多年后，昔日的歌女成为椒房殿的女主人，卫氏一门贵震天下。

东汉的张衡曾经写过一篇《温泉赋》，其中便描绘了阳春

时节骊山温泉边士女云集的景
象。试想象，在西汉的一个春
日，草长莺飞，长安人在温泉
边鹜集如烟。但是张衡没有提
到他们是否在温泉中沐浴，或
者如何在温泉中沐浴。

　　长安人大概不能想象，和
他们同时代的遥远国度，有那
么一群天天泡在公共浴场里消

骊山温泉古源

磨时光的人，而罗马人大概也不能想象没有公共浴场的生活
该如何度过。小普林尼不无得意地记述了自己别墅中的洗浴
设施，有冷浴室、膏油室、火房、暖水室和温水浴池，沐浴
时便能望见大海。这样装潢精美且配备齐全的浴室在富人住
宅中很常见。然而中下层市民居住的多层公寓大多没有厨卫
设施，只能到公共设施中解决自己的卫生需求。

　　4 世纪的《十四区志》里列举了罗马城内的 11 座浴场和
856 座浴室，而帝国早期的数据不会少太多。私人经营的浴
室，规模比较小。公共浴场则由国家官员经营，费用一般为
一奎德仑，只有阿格里帕浴场是免费的。这些浴场规模宏伟，
设备先进且齐全，地下室的锅炉源源不断产生热气和热水，

热水输送到浴池，热气则上升到中空的墙壁里对浴室加热。后来公共浴场逐渐发展成一种多功能的休闲娱乐和社交场所，贵族们也常常光临。

浴场的开业时间因季节而异，一般是在下午的三四点开始营业，可能日落之后还会在灯火辉映中再开放一小段时间。顾客们先把衣服存放在更衣室内，然后到健身房内运动，有时也会先到露天水池中游泳，休息片刻并涂抹肥皂后，根据自己的喜好选择斯巴达式洗浴或是罗马式洗浴。前一种是先到发汗室内发汗，然后泡在冷水中浸浴；后一种则是先进行热水浴，接着温水浴，最后是冷水浴。洗浴后，有钱人还要到专门的房间涂橄榄油或香脂。有些浴场甚至设有小隔间，装有喷洒香料的喷头，可以选择不同的香型。随后顾客们进入干燥室将身上的水分彻底烘干，最后到更衣室穿上衣服，至此整个洗浴过程大体结束了。但大多数人不会就这样离开，浴场内的各种设施足够消磨上好一阵子——按摩室、花园、柱廊、商店、小吃店、美容院，还有文化场所，如演讲室、图书馆和剧场。妓女们也终日流连浴场，时刻准备物色恩客。浴后是罗马人最好的聚会时光，他们一边享用各种设施，一边尽情交流各种谈资。

塞内加（前4—65）在给友人的一封信中描述了他隔壁的

公共浴场内传来的各种声音：挥动哑铃的喘息声，敲打肩背的按摩声，追捕小偷的嘈杂声，球类比赛的计分声，跃入泳池的跳水声，脱毛师的尖叫声，卖饮料、红肠、糖果的流动商贩和酒馆伙计的吆喝声，争吵声，歌声。罗马人在这里上演着每一天的声色世情。

帝国早期罗马市民可以选择的浴场有阿格里帕浴场、尼禄浴场、卡拉卡拉浴场、提多浴场和图拉真浴场。在3世纪末修建戴克里先浴场之前，卡佩纳门外的卡拉卡拉浴场是规模最大的，可供1800人同时洗浴。浴场周围环绕围墙和花园，东西两侧各有一个半圆厅，里面有宁芙殿和图书馆，南侧是体育场和大蓄水池。中央建筑群有4个入口，其中有冷水浴室、温水浴室、健身房、热水浴室、会客处、朗诵室等。浴场的地下部分结构复杂，上层用于服务设施，下层用于排水。浴场内高低错落的建筑均用大理石、马赛克和玻璃装饰，精美的雕塑随处可见。浴场设计时确保室内有最好的采光效果，以使人们在享受洗浴时，也能享受到日光浴。

浴场的废墟如今已经被改造成露天歌剧院，每到天气晴朗的夏日傍晚，海鸟的翅膀在夕阳中泛着艳丽的光芒，普契尼等人的歌剧便在此上演。音效虽然不如室内剧场，但舞台背景就是那座已矗立上千年的古罗马遗址，白瓷般莹洁的圆月渐渐从千年遗址之间升上来，星光点点——还有什么比这与华美的咏叹调更为契合的呢？夜色里，舞台上的幢幢衣影间仿佛飘荡着玫瑰的芬芳，而月光之中，是从海上拂来的清风。

第十一章

长安是世俗的，虽然也有专属于宗教和礼制的神圣空间，但现实的长安人在神圣建筑上的花费并不如罗马人多。罗马不仅是人的城，更是神的城，神庙在位置、数量、规模和技术上，都是全城最尊崇的。罗马城本身也由于与神缔结了约定，一山一水皆为神圣，正因如此，"永恒之城"才得以永恒。

神圣

第一节　宗教和礼制

　　秦汉墓葬中出土了不少《日书》，类似民间俗称的老黄历，从中可以发现当时人们的日常生活几乎为鬼神所左右，婚嫁、埋葬、举事、沐浴，甚至裁衣、写字，都须择良日行事，否则就会遭鬼神之谴。随着儒家的影响渐深，有时候宗教和礼制很难被区分开。两百多年间，涉及信仰方面的史事便是方士、儒生和皇帝的较量，而百姓在其中代表的则是"习俗"的力量。

　　秦朝的天下虽然在政治上是统一的，宗教却如星宿分野一般面貌各异。关中以秦人的白、青、赤、黄四帝为尊，下有陈宝（陨石）、日月星辰、风雨四海、名山大川众神；山东奉齐人的天主、地主、四时主、兵主、阴主、阳主、月主、日主八神为首神；楚地的主神正是《楚辞·九歌》中的东皇太一、云中君、湘君、湘夫人、大司命、少司命、东君、河伯、山鬼。

秦始皇即位后前往泰山封禅，为获得关东尤其是齐鲁宗教的认同，他特地召集了齐鲁儒生询问具体程序。儒生们认为应乘蒲车上山，即用蒲草裹着车轮，以免伤及土石草木；祭祀时由于天最尊，反而要用最质朴的礼仪，在山顶整理出一块平地以草席祭祀便可。始皇觉得这种祭祀方式太过乖异，遂遣散儒生，自行其是，用秦人祭祀四帝的礼仪封禅。这引起了儒生们的不满，认定始皇在上泰山途中遭遇的暴风雨是封禅不成的预兆。12 年后秦亡，儒生们想起始皇这次失败的封禅，越发觉得印证了自己当时的推断。

高祖即位于关中，仍以秦人的四帝为尊，并加上了黑帝，合为雍五畤，鄜畤祠白帝、密畤祠青帝、吴阳上畤祠黄帝、吴阳下畤祠炎帝，北畤的地点未知。畤是在高山之侧的小山丘上的土坛。按照秦朝的规矩，皇帝应当定时到雍亲祭，由于祠畤在国都之郊，故称为郊祀。但是武帝之前的诸帝除了文帝外，也许由于出身关东的缘故，对于秦人的宗教仅有政策上的继承，而未有内心的笃信，因此都从未亲自到雍五畤郊祀过，仅由祠官代劳。

但是汉初的皇帝们也认识到，要使帝国更加巩固，避免重蹈秦朝覆灭的故辙，单靠政治、军事这些硬手段是不够的，更重要的是要从文化和宗教上柔性地、渐进地建构一个多元化的共同体。高祖置梁巫、晋巫、秦巫、荆巫、胡巫于宫中，按时祠祀来自先秦六国故地的神祇，他巧妙地安排这些巫师不但祭祀自己故土的神，也兼祭其他地方的神，比如晋巫负责祭祀的就有来自关中的五帝和来自楚地的东君、云中君。

文帝时，赵人新垣平称长安东北有五彩神气，宜立上帝之祠，遂建渭阳五帝庙，分五殿，殿门分别为白、青、赤、黄、黑色。后又在长门立五帝坛。后来有人揭发新垣平所言皆是伪诈。此人被杀后，文帝便不再热衷于鬼神之事。这实际上是汉代宗教改革的第一次失败，统治者企图以长安近郊的五帝庙来取代秦人的雍地旧畤，建立一套合祀天地并以高祖配食的礼制。但显然此种改革超前了，直到一百多年后汉平帝时才最终实现。

武帝即位之初，赵绾、王臧等人试图将儒家的一套礼制推行开来，遂劝说武帝进行封禅并在长安南郊立明堂。然而此时儒家并未占主流，尤其是当时还掌握实权的窦太后非常反感儒术，逼令此二人自杀，他们的主张遂未实行。武帝重续秦朝旧制，每三年都到雍五畤郊祀上帝。

窦太后崩后，武帝掌握了实权，信用齐鲁方士。在亳人谬忌的建议下，一个最尊贵的天神太一开始成为帝国最高的祭祀神，这之前一直崇奉的五帝则成了太一之佐。这是政治大一统在宗教上的投射，原先分散的权力收归在一个唯一的权力手中，方位神或者说地域神（五帝代表着东南西北中五个方向）被一个最高的天神所辖制。长安城东南郊建造了太一坛，采用了像八卦一般的八边形，有八级台阶、八条通道，坛上设天一、地一、太一之位，坛旁祠黄帝等众神，但武帝未亲祭，而是令祠官祭祀。

元狩二年，武帝郊祀雍畤时提出，他现在亲郊上帝，而与皇天同等尊贵的后土却无祀，于礼不合。因此在汾阴脽上立后土祠，这是被水环绕的一座圜丘，上有五坛。

武帝再次亲郊雍畤时，有人提出五帝只是太一之佐，皇帝应该建造并亲郊太一祠。武帝犹疑未定。不久，武帝终于下令让祠官宽舒等人在长安近郊的甘泉建造太一祠坛，最中间是亳人谬忌规划的太一坛，三层；五帝坛按照方位环居其下，黄帝在西南；再往下是其余众神及北斗。天子开始在冬至亲自郊拜太一，礼仪和祭物几乎完全搬用原先雍五畤的，据说祭祀时夜有美光、昼有黄光直上于天。此后，三年一郊祀太一、后土，然而郊雍的传统仍未敢废。

接着，武帝开始筹备封禅之事，慎重地听取了齐鲁儒生和方士的意见，但是并未全部采纳，登山前的礼仪是关中、关东混合，武帝登上泰山时只带了侍中奉车霍子侯，礼仪秘而未记。群儒认为，封禅成功与否的标志是有无风雨，武帝的封禅不但未遇风雨，而且据说封禅后的当天夜里若有光，第二天只见封处生白云，都被视为祥瑞之兆。再加上巡狩遍祭齐地八神，武帝的这些举动终于在宗教上得到了关东的认可。此后形成五年一修封的制度。

武帝死后郊祀之礼一度停止，宣帝即位 12 年后才再度恢复，定期亲祠甘泉泰畤和汾阴后土，间或幸雍祠五畤，并根据方士的建议，在未央宫立随侯、剑宝、玉宝璧、周康宝鼎四祠，在长安城旁立岁星、辰星、太白、荧惑、南斗祠。

元帝亦郊甘泉泰畤、汾阴后土以及雍五畤。由于他好儒术，又重用了一些同样信奉儒家的大臣，因此意图按照儒家的礼制精简祭祀，罢了许多祠庙，但由于传统太过根深蒂固，元帝生病时又怀疑是因为罢庙而受到神灵的降罪，因此又复祠庙。

建始元年，以丞相匡衡为代表的儒生建议按儒家理念进行宗教改革。成帝遂在长安南北郊立天地之祠，废雍五畤、渭阳五帝庙，薄祭太一等大量祠庙，废弃泰畤紫坛的虚饰祭法。但是到永始元年，由于成帝一直无嗣，怀疑是因为迁徙天地之位而遭谴，终复甘泉泰畤、汾阴后土和雍五畤等。数年后，成帝驾崩，皇太后又诏令仍复长安南北郊天地之祠。

哀帝即位不久便病重，因而广复被废的神祠 700 余所，一年举行祭祀 3.7 万场。次年，太皇太后下诏，又复甘泉泰畤、汾阴后土。哀帝因病弱不能亲祠，而令大臣代祠。然而终不得神灵庇佑，三年后即驾崩。

王莽亦是儒家经典的信奉者，当权后再次提出复长安南北郊天地之祠，并最终于平帝元始五年将天地之祠定在了长安南北郊，在四郊设五帝兆，改定祭礼。但是到了新莽末年，各类祠庙数量翻倍，祭祀靡费更甚，用牲种类之多以致不能齐备。

祠与灵台

长安南郊的谷口有天齐公祠、五床山祠、仙人祠和五帝祠。天齐即天之中央，是齐地八神之首神天主。天齐公祠现在只剩下一个巨大的圆形土坑，五帝祠在天齐公祠以东，这两座祠便是长安城的轴线所经之处。灵台是观察阴阳天地之变的场所，也与礼制活动密切相关，最初称清台、清灵台，后更名灵台，在长安城东南。灵台上有测风的铜乌和测日影、定节气的铜圭表。东汉顺帝时又在此放置了张衡所制的水运浑天仪。从与长安城的灵台年代相对较为接近的汉魏洛阳城的灵台来看，其为一方形院落，中间有一高台，台基分上下两层，下层为围廊，上层是房屋，顶部是露天的平台，以便观测天象。长安城的灵台可能与此类似。

明堂

明堂是一个结构和功能都很复杂的建筑群，后人的争论较多，尤其是在名称上，以及它和辟雍是两座建筑还是一座建筑。《旧唐书》认为明堂的称呼由于取义不同而有不同的叫法，取其宗祀之义则称清庙，取其向阳之义则称明堂，辟雍是周围的圜水沟，太室、太学都是其中的一部分。

武帝即位时便计划在长安城南建造明堂以接受诸侯朝拜，只是在窦太后的阻挠下中止，之后虽在泰山旁修建了明堂，长安城附近却再也没进行过明堂的建设。成帝在位时，刘向劝说皇帝建辟雍，以宣扬儒家礼乐、风化天下。但此事尚未议定，刘向便已病卒。丞相等人又再次建议修建辟雍，正当选定了长安城南准备开建时，成帝驾崩，辟雍的建造再度搁置。直至元始四年，当权的王莽提议在长安城南郊修建明堂辟雍，天子首肯，于是王莽亲自负责工程，不过两旬便大功告成。次年，征诸侯王 28 人、列侯 120 人、宗室子 900 多人一同大祭于明堂。王莽于摄政当年正月，在南郊祀上帝、东郊迎春，并在明堂举行大射礼，正是通过这些祭祀和礼制活动宣示他"摄皇帝"的身份。王莽正式称帝后，在未起供奉自己祖先的宗庙之前，暂以明堂代太庙，举行祭祀。

明堂在长安城南郊的安门外大街和西安门外大街之间。建筑周围环绕圜水沟，沟中流淌着从昆明故渠引入的活水，此即辟雍，象征四海。圜水沟与院落四门相对处又各围一圈长方形小水沟，上架有石桥。水沟内是一个以围墙封闭的方形院落，占地5万多平方米。院落四角各有一组曲尺形配房，院落四门又称圜桥门，中间的门道称为隧，左右筑屋是为塾。东汉之时汉明帝曾在辟雍讲经，聚集在圜桥门听讲的人数以万计，长安的明堂可能也有类似的公共功能。辟雍以圜水沟围合方院落，是为"外圆内方"，具有"德当圆，行当方"的含义。

院落正中是一个圆形土台，台上正中即为折角方形的明堂。明堂屋顶为圆、建筑为方，此为"上圆下方"，意谓"天圆地方"。文献皆称明堂有九宫十二室，太室、明堂、青阳、总章、玄堂五室加太庙四堂为"九宫"，明堂、青阳、总章、玄堂及其左右"个"则是"十二室"；又有"四向五色堂"，即是东方青阳为青色、南方明堂为赤色、西方总章为白色、北方玄堂为黑色、中间太室为黄色。

太学

太学作为国家最高教育机构，也被视为礼制建筑。武帝元朔五年首设太学时规模很小，除了五经博士外，只有博士弟子 50 人。昭帝时增至 100 人，宣帝时增至 200 人，元帝时大幅"扩招"，增至 1000 人，成帝末年增至 3000 人，一年后虽降到 1000 人，但除了正式的博士弟子外，还有各郡县前来求学的。平帝至王莽期间，设六经三十博士，弟子多达 1 万余人。

太学在汉长安城南郊，与明堂相邻。宣帝以前，太学的建筑比较简单，有讲堂和博士舍，博士弟子可能住在太学附近。平帝时，博士舍有 30 间，在王莽的建议下，修建弟子舍万间（不排除文献有夸张），当时参与建筑的人多达 10 万人，仅 20 天完工。博士们独居，博士弟子们则数人同舍。

太学生中有的家境并不富裕，求学之余还要挣钱糊口。成帝时的丞相翟方进出身寒微，年少到长安求学时，母亲跟他到都城中为人织履以供他求学。光武帝年轻时也曾经求学长安，因为无钱，与同住一舍的韩子合钱买了头驴，靠出租给别人以筹钱交公费。有些人境况更凄惨，成帝时的京兆尹王章在长安求学时，生病却没有被子，睡在给牛御寒的麻衣中，哭着与妻子诀别。

　　太学中有开阔可容千人集会的场地。哀帝年间的名儒鲍宣以善谏闻名，颇受当朝天子优容。有天鲍宣遇见丞相孔光手下的官吏在驰道中间行走，他认为即使有诏可走驰道，按礼也只能走驰道两边而不能走中间，便让人扣留了该吏并没收车马。孔光深感受辱，让御史罗织罪名去抓鲍宣，他却紧闭大门不让来人进入，因此犯了大不敬之罪，被捕下狱。博士弟子王咸举幡太学下，号召弟子们一起去求情。这上千名太学生拦下正要上朝的孔光，又守在未央宫阙之前上书。哀帝不得不免鲍宣死罪，改为髡钳。

社稷

　　社稷在长安南郊，社是土神，稷是谷神，人非土不立、非谷不食，社稷是国家祭祀土地和百谷之神的礼制建筑，为天下求福报功。高祖三年在秦社稷的原址上修建了汉社稷，是为太社。随后又立官社，以夏禹为配，即所谓王社。平帝元始三年在王莽的建议下又修筑了官稷。社是无屋无顶，以五色土筑成的露天祭坛。只有前朝的社，才会四面筑墙，搭建屋顶，置柴其下，以示不通天地、隔阻阴阳之气，意为亡国。稷亦为露天祭坛，坛外植谷树（楮树）。社坛、稷坛在同一个台基之上，一南一北并立，之外有一道共同的围墙，四面正中各一门。

宗庙

宗庙是皇帝供奉和祭祀家族祖先的场所，其周筑两重墙垣，又称庙园。庙园四门亦如宫城四门，称司马门，门外有双阙，从景帝庙和宣帝庙的考古发现来看，这四座门按照东、西、南、北的方位分别配置青龙、白虎、朱雀、玄武四神纹饰的空心砖和瓦当。宗庙的主体建筑是耸立在高台之上的正殿，四周环绕回廊，四面的殿门也按方位配置四神图案的建筑材料，铺地砖和墙壁亦分别涂成对应的青、白、红、黑色。宗庙内供奉有帝后之神主，有旗帜，还有编钟、编磬等乐器和一些贵重的礼器。长安城内的高祖庙里有 10 枚钟，各重 12 万斤，撞之声闻百里；文帝庙内有三个玉鼎、两个金炉。

长安的宗庙主要有帝庙、皇庙和后庙三类。帝庙中，高祖庙有两座，一为高庙，在长乐宫西南，惠帝四年在高祖长陵之旁再立庙。孝惠庙因在高庙之西，又称西庙。孝文庙又称顾成庙，文帝四年所立，位于长安城南，距霸陵较远。孝景庙称德阳宫，孝武庙称龙渊宫，孝昭庙称徘徊庙，孝宣庙称乐游庙，孝元庙称长寿庙，孝成庙称阳池庙或统宗庙，哀帝庙未知别称，孝平庙称元宗庙，这八庙均在帝陵旁。

太上庙是高祖之父的宗庙，在香室街南、冯翊府北，即长乐宫以北、清明门大街以南。景帝时，内史府在太上皇庙的内墙和外墙之间，因为庙门朝东，出入不便，晁错便在庙的外墙开了一座朝南的门。申屠嘉听闻后，力请景帝诛之，景帝认为晁错所凿的并非真正的庙墙，而只是外墙，便不予追究。太上皇另有原庙，在太上皇陵附近。宣帝之父史皇孙有皇考庙、哀帝之父定陶共王有共皇庙，可能均在其陵墓之旁。

后庙有孝文太后庙、孝昭太后庙，分别在南陵、云陵旁。元帝王皇后庙即长寿宫，由王莽毁孝元庙所立。

宗庙还有一些其他的政治功能。高祖即位后论功封爵，与功臣们剖符立誓：只要黄河不绝，泰山永固，你们的封国便永存，并惠及你们的后人。这份誓言便以丹书铁契、金匮石室藏在宗庙中。

西汉时，京师长安宗庙众多，从高祖到宣帝的七位皇帝以及太上皇、悼皇考（史皇孙）的陵旁都各有庙，陵园中又各有寝殿、便殿。太上皇、高祖和惠帝在长安城内还立有庙。此外，昭灵后（高祖之母）、武哀王（高祖长兄）、昭哀后（高祖之姊）、孝文太后（高祖薄姬）、孝昭太后（武帝赵婕妤）、卫思后（武帝卫皇后）、戾太子、戾后都各有寝园。

　　这些庙园需要祭祀，且名目众多，一年总共要祭祀 25次，除了酎祭用九太牢以外，其余各用一太牢。便殿一年祠四次。每月还要再游一次衣冠。这样算下来，每年单是祭祀一项，所耗费的人力、物力和财力就非常惊人，并且礼仪烦琐，负责祭祀的官员们常常因为不慎而获罪，韦玄成的兄长韦弘在任太常丞时，就曾因为宗庙的事务收押监狱，而错失了继承父爵的机会。而韦玄成因骑马入庙，被削爵为关内侯。关内侯与彻侯之间虽只是一级爵位之差，地位却大相径庭，对于经学名家之后的韦玄成来说，丢了父爵更是奇耻大辱。

　　高后时规定臣下有妄议先帝宗庙寝园者弃市。直至元帝时方废除此令。御史大夫贡禹进言应废郡国所立之太上皇、高祖、文帝、武帝庙，并定宗庙迭毁之礼，然未及施行便已身故。所谓"迭毁"是基于儒家"天子七庙"的礼制，即奉为祖、宗的庙可永久保留，其他则依次毁去。

　　大概因曾经身居其职并深受其害，已擢升至丞相的韦玄成连同一众信奉儒家的大臣在贡禹死后不久重提精简宗庙祭祀，但由于各人对"古制"和"经典"的解读不同，遂展开了关于宗庙废立的大讨论。君臣们虽在宗庙应当迭毁一事上意见达成一致，但孰存孰毁，歧异颇多，且因为传统观念上对毁宗庙一事的疑惧，致使有些宗庙毁后立、立后毁，屡有反复。

第二节　众神之城

　　《圣经·新约》中说：“恺撒的归恺撒，上帝的归上帝。”罗马是众人的罗马，也是众神的罗马，在世俗的罗马之上，另有一个神圣的罗马。罗马的神也是无所不在的，罗马人全盘继承了希腊人的神系，只是在其中加入了一些意大利本地的神或神格。

　　古罗马人的公共宗教场所有神庙、祭坛、圣地、圣洞、用石头或柱子标出的神圣区域，以及森林中树木或岩石周围的还愿物遗迹等。神庙和圣地是最主要的两种。神庙是供奉神的建筑，圣地是举行过鸟占术等落成仪式或是能观察到神迹的空间。大多数神庙都是圣地，也有维斯塔神庙等个别例外。圣地也并非只有神庙，如演讲台和元老院等也是圣地。

　　对于罗马公民来说，神庙不仅是一个宗教场所，也是一个社交和政治场所，常常举行大型集会或公共活动。罗马国家神庙基本都是高台建筑，四周环绕圆柱，前面的台阶上有祭坛，就像是一座舞台，祭司以类似表演的方式进行宗教仪式。神庙内有彩色大理石、雕塑和各种装饰品。随着罗马对地中海世界的征服，埃及、亚细亚、波斯等地的神祇也出现在罗马城中，这些非主流的神庙往往由中层信徒和较小的团体出资修建，遵循外来的建筑模式，也有些发展出了新外观，一般都以高墙和窄入口与外部世界隔离开，从而保证这些少数派信徒的安全。

除了到公共的宗教场所祭祀以外，人们也会在自己的住宅中摆放小型圣坛、神龛和神像，用酒、谷物、食品和香来供奉家族的家神、宅神、保护神和祖先。各条街道的十字路口还由街道公会供奉着路神。

除了各宗教的神庙外，还有王宫、黑石、狼穴和罗慕路斯宅，这些与罗马起源神话相关的建筑也都具有神圣性和纪念性。王宫是王政时代国王的住宅，黑石是火神祭坛和罗慕路斯的"庙墓"，都在罗马广场。狼穴在帕拉蒂诺山西南脚，供奉哺乳罗慕路斯和罗姆的母狼。罗慕路斯宅在狼穴附近，是一座棚屋，一旦受损，便以同样的风格修复。

希腊—罗马神系

谚语"伟大属于希腊，光荣属于罗马"，意即凡事由希腊创造，而经由罗马发扬。神话、神庙和神像莫不如此，一切几乎都来自希腊，却是由罗马人将它们传播到帝国各地，甚至传到今天。他们使诸神、建筑和雕塑都与罗马城一起归于永恒。今天我们在博物馆看到的希腊罗马雕塑，若你仔细读说明牌便会发现，大部分都是"希腊原作已无存，此为罗马帝国时期的复制品"。

罗马人常去的是那些延续了许多年甚至几个世纪的老神庙，也有帝国时新建的。朱庇特、朱诺、密涅瓦、阿波罗、玛尔斯、维斯塔这些主神一直享受着最高的尊崇，维纳斯因被视为朱利奥家族的祖先神从而得到特殊的崇敬，罗马女神神庙、万神殿与和平祭坛则象征着皇朝的统治秩序和权威。希腊—罗马神系的祭祀场所一般分布在城内比较重要的区域，尤其是七丘之上，作为罗马城祭祀中心的坎匹多伊奥山如月，其余六丘则如星拱卫，各种与人类生活息息相关的神庙散落其间。

公元前 6 世纪开始，贵族以天神朱庇特、天后朱诺和智慧女神密涅瓦为其三主神，坎匹多伊奥山上的三主神神庙到帝国时期都一直是国家祭祀中心，新上任的执政官在此进行首次公共祭祀，元老院在此集会。它还是凯旋式游行的终点及外交档案的收藏处，也是罗马统治权力及永恒的象征。平民的三主神则是与他们的温饱息息相关的谷神、丰收神与植物女神，神庙坐落于埃文蒂诺山，公元前496年题献。神庙被认为是平民政治和经济组织的中心，张贴平民布告。

朱庇特是众天神的首领，对应希腊神话中的宙斯。供奉朱庇特的神庙一般均因为某场战役或某个具体事件而发愿修建，因此在神号后往往带有与该事件相关的修饰词。例如，罗马广场提多拱门东边的守护神朱庇特神庙、埃文蒂诺山的自由朱庇特神庙，从名字就能看出人们想要这位法力无边的天神在哪些方面给予特殊的护佑。

朱诺即希腊神话中的天后赫拉，是天神朱庇特的配偶，同样法力无边。例如，公元前4世纪便已存在的生育女神朱诺神庙，稍晚时候在坎匹多伊奥山修建的钱币朱诺神庙。弗拉米尼奥马戏场上有天后朱诺神庙，油广场上有保护者朱诺神庙。

密涅瓦对应希腊神话的雅典娜，是手工业者、雕塑家、音乐家和诗人的保护神，也被尊为战无不胜的女战神，这可比那位只有"战神"徽号的玛尔斯厉害多了。由于早期的神圣边界对"战争"有严格的禁忌，因此不能出现战神神庙，祈求胜利的人们便常求助于这位女神。除了三主神神庙以外，密涅瓦最重要的崇拜中心在涅尔瓦广场。

维纳斯被视为朱利奥家族的祖先神，象征着帝国的正统秩序。朱利奥广场的始祖神维纳斯神庙，罗马广场的维纳斯与罗马神庙，都暗示着朱利奥—克劳狄奥王朝的皇帝们是合乎神意的权力掌握者，也是罗马的守护者和主人。这位诞生于海中泡沫的女神被认为掌管美貌与爱情，这些都是人类繁衍生息的发生机制，同时也因其与丰产和生殖相关而受到重视。在某些时候，维纳斯也有战神的功能，所以庞培那座与剧场一起修成的神庙便在她的神号之前冠上了"女英雄"的修饰词。维纳斯有时也与下水道相关，例如罗马广场的那座下水道维纳斯小圣堂。

阿波罗即太阳神，掌管着农业、艺术、道路和航海。实际上这是一个起源于亚细亚的神，后来被纳入了希腊神话中，名字却一直保持着外来词的样式，因此在希腊和罗马神话中是同名的。罗马城内最早的阿波罗神庙也因为他的"外国神"身份，都建在神圣边界之外，公元前 5 世纪的阿波罗神庙便在城墙外的战神原上，亦称医神阿波罗神庙，是元老院在神圣边界外定期集会的场所。最著名华丽的要数帕拉蒂诺山上那座阿波罗神庙，由奥古斯都题献于公元前 28 年，并用一道绘满彩画的拱廊与自己的府邸相连。神庙建成后，原先存放于三主神神庙的预言书都被搬到这里。神庙四周环绕围廊，雕塑装点其间，神庙入口处有大理石神像和祭坛，白色大理石的建筑在阳光下耀眼夺目，在月光下洁白柔和，屋顶有战车雕塑，庙门装饰象牙浮雕，地板由大理石铺砌。神像室内除了阿波罗以外，还供奉着他的妹妹月亮女神狄安娜和母亲拉托娜。

战神玛尔斯对应希腊神话中的阿瑞斯，虽然也是主神，但直到帝国时期神圣边界扩张、禁忌淡化，城内才出现了两座重要的战神神庙。起先的一座在坎匹多伊奥山，公元前 20 年由奥古斯都题献，保管从帕提亚夺回的罗马军旗，后来军旗被移到奥古斯都广场的第二座战神神庙中。神庙平面呈圆形，高台基，穹顶，有 4 或 6 根圆柱。

维斯塔对应希腊神话中的赫斯提亚，是为灶神，在罗马

2 世纪的战神浮雕

得到的崇敬比在希腊高得多。她的贞女祭司们拥有的特权和地位也是其他神祇的祭司所不能比拟的。她的祭祀中心在罗马广场的维斯塔中庭。奥古斯都担任大祭司长后，在自己的府邸内或可能是附近也为她修建了一座祭坛。

大力神赫拉克勒斯也被视为油料、商业和牲畜转场的保护神，神号之前常冠以"战无不胜"或是"保卫者"。罗马商人们视他为自己的保护神，他的神庙便建在牛广场、弗拉米尼奥马戏场、埃文蒂诺山这些商店云集的地方。

罗马神庙的名单还有长长的一串：月亮女神狄安娜、誓言女神菲得斯、双面神杰纳斯、神使墨丘利、码头神波尔图努斯、医神阿斯克勒庇俄斯等来自希腊的神祇，以及播种和丰产女神俄普斯、丰产和神圣森林守护者维伊奥维、农业和地下神祇孔苏斯等意大利本土起源的神。人们相信，他们全方位无死角地保护着罗马城和罗马人民，只要准时并恭敬地在神庙中献祭，人世的一切就会如意。

万神殿

营造司阿格里帕于公元前 27—前 25 年在战神原修建了一座万神殿，在希腊化时代，万神殿指的是题献给神化的君主和与他有联系的其他一切神的神庙，"万神"可能指殿中供奉

万神殿

神祇的数量或是代表"无上神圣"。阿格里帕最初的目的是将其作为皇朝的祭祀场所，题献给朱利奥家族的祖先神维纳斯和战神玛尔斯，并放入奥古斯都的雕塑。但是奥古斯都表示反对，于是阿格里帕在殿内安放了一尊恺撒的雕塑，前厅中则放置了奥古斯都和自己的雕塑，以纪念他们的友谊和对公共利益的热心。现存遗迹是哈德良在118—125年之间重建的。

和平祭坛

公元前13年，元老院决定在战神原上为从西班牙和高卢凯旋的奥古斯都修建一座祭坛，并最终在公元前 9 年建成，题献给和平女神。祭坛是"罗马和平"的象征，祭司长和贞女在此进行年度祭祀。

祭坛被包围在白色大理石围墙中，再外面则是一圈砖墙，四个角上立着方柱，入口在东面和西面。围墙内外满饰浮雕，东外墙上描绘了祭祀的游行队伍，多位皇家成员和祭司都身在其中，游行队伍一直延伸到南外墙上，这里站着元老、法官和其他人。东入口处有荣誉之神、和平女神、罗马女神、大地女神或意大利女神的浮雕。围墙内侧浮雕的下层模仿木栅栏，因此有学者认为这道围墙是对祝圣仪式中木围墙的复制。

祭坛中间的祭台上以精湛无比的工艺雕刻出祭祀、神话、象征和历史场景。历史场景中按照等级秩序安排朱利奥家族成员，包括奥古斯都、阿格里帕、提比略等，暗示皇朝的权力秩序和延续性。

祭坛通过将奥古斯都与和平女神相联系来表达罗马在威权下的和平。朱利奥家族的祖先神埃涅娅又将皇权与历史、神话相关联。浮雕中的奥古斯都的两个儿子打扮成特洛伊人，暗示着帝国与黄金时代的相似。

波斯宗教

密特拉教最早起源于波斯，2世纪起广泛流行于西拉丁地区。密特拉教禁止女性信仰，具有很强的排他性，理论上不容许出现其他的神祇。但是现实远比理论复杂，密特拉教的神殿内通常同时供奉有希腊—罗马神祇或埃及神祇，也发现有女信徒的胸像和祈祷铭文。

祭祀场所为地下神殿，密特拉神宰杀公牛是神殿固定的图像主题，根据教义，谷物和世间万物都由公牛的血变化而成。密特拉教与后来的基督教关系密切，密特拉神的诞辰是12月25日，基督教教义中一开始并没有规定耶稣的生日，可能是在传教过程中为了吸纳更多的信徒，才采用了当时非常流行的密特拉神的诞辰作为耶稣的诞辰。

在罗马，密特拉教属于一种神秘主义宗教，从1世纪末开始流行，密特拉可能相当于战神或军人的保护者。祭祀常在天然或人工挖掘的地下洞穴中进行，据说是为了模仿密特拉神出生的环境。神殿通常有长椅，信徒们可在此享用圣宴。埃文蒂诺山、卡拉卡拉浴场、大马戏场、俄斯奎里诺山等处的地下都有这位神的崇拜场所，多是私人住宅改建成的。这种神秘的地下建筑入口处的两个壁龛内有密特拉的两位持火炬者的雕塑；洞内正中的壁龛内是"密特拉杀牛"，左侧为粗糙雕刻，右侧是名人雕塑；左边墙上描绘教众们，右边墙上是有密特拉、太阳神和其他两位侍者的洞穴。

埃及宗教

伊西斯女神的信仰起源于埃及，希腊化时代传到希腊，共和国晚期开始来到罗马，甚至进入了罗马城的宗教中心坎匹多伊奥山，之后陆续出现在城内外的各个地方，包括私人庄园。伊西斯信仰被认为无所不包，信众广泛，遍及各个阶层，并允许女性信仰，但负责的机构由男性掌管。神殿的建筑和浮雕构件都为埃及风格，从现在发现的所有伊西斯神庙来看，神殿内排斥其他的希腊—罗马神，可能是为了维持其埃及风格，也可能是由于信徒对她的忠诚度非常高。

塞拉匹斯是希腊化时代的埃及神，综合了象征自然界四季变化的埃及神俄西里斯、希腊的冥王哈得斯、医药神埃斯库勒皮俄斯和太阳神阿波罗。奎里那勒山的塞拉匹斯神庙由卡拉卡拉题献，平面呈长方形，由柱廊庭院和神像室组成，装饰有尼罗河神、台伯河神等雕塑和方尖碑。

土耳其宗教

翠贝拉是来自小亚细亚帕西努斯城（土耳其）的神，公元前 3 世纪就已传入罗马。她也是无所不包的神，但是排他性不强，神殿中也会出现希腊—罗马神，例如奥斯提亚的翠贝拉神庙同时也是贝罗娜神庙，并供奉有潘神、酒神、美神，可能还有谷神雕塑。帕拉蒂诺山的翠贝拉神庙最早修建于公元前 204 年，完全采用了希腊—罗马式神庙的建筑样式，为前柱式、六柱式、科林斯式，前有阶梯，侧面无柱廊。罗马使团从帕西努斯城带来代表女神的黑色尖石供奉在神像室内。大马戏场、神圣大道、梵蒂冈等处亦有这位女神的圣坛、雕塑或是祭司住宅。

叙利亚—腓尼基宗教

多利克朱庇特源自叙利亚北部的多利克城，是闪电和丰产之神。2—3 世纪，四处征战的罗马军团将这套信仰和密特拉信仰一道带回罗马并在意大利传播。正如密特拉一样，这位神祇也有一套秘密祭礼，信徒认为他可以保护军队的胜利和安全，其形象一般被表现成手持利斧或闪电。多利克朱庇特的配偶是天后朱诺，借用了罗马三主神排在首位的两位成员的名称。这位神祇的包容性很强，他在埃文蒂诺山的神殿中还同时存在希腊—罗马神，阿波罗的神像甚至被放置在他的位次之上，另外还有伊西斯、塞拉匹斯等埃及神祇和密特拉神。这座神殿修建于安东尼王朝时期，尤其为平民所信奉，最初是露天的，2世纪后半期才封顶。另外两座多利克朱庇特神殿在切利奥山和俄斯奎里诺山。

太阳神可能是几个闪米特神祇的综合。埃利奥伽巴罗（218—222年在位）引进故乡叙利亚爱美莎城的太阳神埃喇伽巴的祭礼，将神的名字改为战无不胜的太阳神，并于220年或221年在帕拉蒂诺山东北侧修建了埃利奥伽巴利姆神庙，由皇帝本人出任大祭司。他以圆锥形的黑色陨石作为神像，并在万神殿中将其置于朱庇特之上，还在神庙中放置了翠贝拉、维斯塔圣火和神之侍女斯莉伊等神像或符号。这位皇帝死后，神庙被改成了朱庇特神庙。

叙利亚女神即贝罗娜，掌管战争。战神原、河对岸和加尼库伦姆山都有她的神庙。战神原上的那座可能就在弗拉米尼奥马戏场，元老院曾在这里集会，因为地处神圣边界之外，凯旋的将军常在此等待他们是否能举行凯旋式的投票结果，外来的使团也在此被接见。

元首神庙

恺撒死后，奥古斯都在罗马广场为他修建了一座神庙。此后，帝国大部分的元首夫妇在死后都会被神化，由配偶或继任的皇帝或元老院为他们修建一座神庙，建造神庙的地点往往是他们的火葬堆。也有为整个元首家族而建的神庙，比如奎里那勒山的弗拉维家族神庙，由图密善修建在他父亲维斯帕的旧宅之上；以及极少数旁系亲属的神庙，哈德良就在万神殿东北为自己的岳母玛提蒂娅修建了一座神庙，并在别墅旁为他的男性爱人安提诺乌斯修建了神庙。

被神化的皇帝及其家族成员除了有神庙，还有祭坛。坎匹多伊奥山上有朱利奥祭坛，别处还有奥古斯都祭坛、哈德良的妻子神圣萨比娜祭坛、安东尼诺·皮奥的妻子神圣法乌斯提娜祭坛、马可·奥勒留的妻子神圣小法乌斯提娜祭坛等。

第十二章

城市属于活着的人，也属于死去的人。长安城死去的居民们入土为安，墓葬仍然遵循着严格的等级制度。罗马城死去的居民们则焚作灰烬，皇帝享有最独特的墓葬形制，其他的贵族、平民并无强制规定，随心所欲安置在家族或公共的墓葬"纪念碑"中。

死亡

第一节　丧事与权力

汉人普遍笃信神仙方术，最大的诉求便是长生不死。"若说神仙求便得，茂陵何事在人间"，只可惜一次次的上天入地，传说中的仙山和不死药仍然音信微茫，任何的方术也没能阻止死亡的到来。

在佛教尚未传入的西汉，社会上并未有一套系统成型的灵魂和来世观念，孝子贤孙们干脆把一切有利于死者和生人的东西都一股脑塞进墓里，而不管它们之间有没有观念上的冲突和逻辑上的矛盾。可以说，汉代人对待死者及死后世界的态度，基本都是围绕着生者的利益或死者的社会政治地位发展出来的。墓葬的行为不只是为了死者，更是为了生者，有时对生者福祉的考虑可能更高于为死者的考虑。

汉墓以"厚葬"闻名。在考古工作中，最好辨认、发现最多的便是汉墓。男男女女、坛坛罐罐、锅碗瓢盆、柴米油盐、衣食住行、猪狗鸡鸭，汉代人的死亡就是一次大张旗鼓的"搬家"，总之就是把能带走不能带走的一切都想办法带走了。带着这么多的"家当"，却还没有想好要去哪里，有人恭恭敬敬带着自己的户籍和财务籍准备在地下主人那儿办个入户手续，有些人想到西王母那里见见世面，但无论如何，他们总会记得给在遥远彼世的儿孙们带去福荫，在特定的日子里回来享用后人的供品。

总之，丧事对于极重视孝道的汉代来说，是不可马虎的大事，关系到礼法、死者地位以及生者的福祉和政治形象。在有些时候，丧事甚至成了一种能够剥夺或者获得政治资源的手段。在西汉便发生了两件与丧事有关的著名事件。

昭帝死时并无后嗣，霍光等权臣认为应让武帝之孙昌邑王刘贺即位。刘贺正午出发，行 150 里，傍晚至定陶，侍从的马有许多死在了路上。路过济阳时，拨冗四处找寻长鸣鸡，顺道买了积竹杖；路过弘农时，又让手下一个名叫善的大奴掠了女子带着上路。长安来的使者得知此事后，责备了昌邑相安乐。郎中令龚遂前去询问刘贺，他却声称并无此事。龚遂为保全其名声，仍令人将善处死。昌邑王一行到宣平门外，龚遂提醒道："按礼，奔丧望见国都要哭。现在已经到长安的东郭门了。"刘贺说："我喉咙痛，哭不了。"进到城门时，龚遂再次提醒刘贺哭丧。刘贺说："城门和郭门是一样的。"到了未央宫东阙，龚遂提醒他下车面向东阙西面伏下尽放哀声，刘贺总算应允了，按照礼仪哭丧。

刘贺随后被立为皇太子，办完昭帝的丧事后便即帝位，不过短短27天，群臣发现这位新帝的举止十分荒唐，丞相遂率领众臣向皇太后上书，历数其种种行径，尤其是在服丧期间的不守礼法。首先，按礼当素食，他来长安的路上却一路食肉，还让从官强掠女子带着上路。立为皇太子后，常偷偷买肉吃。即帝位后，对待皇帝玺印态度散漫，发玺而不缄封；昭帝棺椁还停在前殿，便让乐人吹拉弹唱；葬完昭帝回来后，按礼不能到前殿，他却在前殿击钟磬，并召乐人同游；让长安厨送祭品来祭祀不知什么神，祭完便与从官分食；驾着仪仗在北宫、桂宫驱驰，玩野猪、斗老虎；让官奴乘着皇太后的车在掖庭游戏；与昭帝的宫人淫乱，并恐吓掖庭令不得泄露，否则便将其腰斩。

皇太后遂废刘贺，令其归故国，并以辅政不善的名义诛杀昌邑旧臣200余人。宣帝即位后，对刘贺仍有顾虑，派人监视，发现他行事乖张暴戾，既无谋虑又不得人心，不足为患，才重新封他为海昏侯。

有人因为丧事失去权力，有人也可以因为丧事获得权力。哀帝时，举办丧事时流行赋敛送葬，大郡的二千石高官办丧事时，能收到千万以上的礼金，家属可因此而定产业。但是南阳的一位太守去世时，他的儿子原涉却拒绝了所有的赙送。当时少有能守三年丧者，原涉却在父亲墓边结庐，守丧三年，因此闻名京师。一出丧期，原涉便升任议曹，门客络绎不绝前来依附，后来又被举荐为谷口令，当时他才20多岁。

住在城里的人们总会死去，正如当时的挽歌所唱："薤上露，何易晞，露晞明朝更复落，人死一去何时归。"一座城，不单要让生人安居，也要让死人安息。在汉人生死有别的观念下，死生异处，这之间以城墙为界，城墙之内是生人的居处，城墙之外则是死人的冢墓。长安的中下层吏民多葬在长安东郊和南郊，这里地势较高，由北到南依次为龙首原、铜人原、白鹿原、乐游原、凤栖原、高阳原等，且距河道有一定距离，地下水较深，适宜埋葬。起先人们都葬在离城墙较近处，累累坟茔逐渐占满了近郊的土地，后来的死者便被埋到了离城墙比较远的地方，甚至埋到了西郊和北郊。这些中下层民众的墓葬往往分布在大封土墓葬的周围，大部分是一大家子葬在一起，夫妻开始"同穴而葬"。墓冢封土之上多栽柏榆。

高祖到文景时期，中下层民众的墓里，或是墓葬的形制，或是棺椁的样式，或是随葬品的种类，还能看到六国文化的孑遗，尤其是中原、楚和秦的文化。长安人口混杂，既有原先的关中人，也有随着刘邦而来的关东人，后来为了便于控制和管理，又迁了各地的人过来。进入帝国时代的人们，一时尚难以忘却自己的文化传统，仍然依照着惯性处理丧事。但由于新时代到来，各种文化的交流，也孕育了一些新的做法，人们开始将储存粮食的仓和炊煮的灶制成陶器模型随葬于地下。

武帝强势的中央集权大一统政策之下，旧的六国文化已经面目模糊，这么多年生活在同一片土地上，人们早已忘记了各自的差异，再不管昔日是关东人还是关中人，今日都同为长安人。他们渐渐一起创造出了一种新的文化，并将这种我们称之为"汉墓"的形式——正是我们前面提到的那种"举家搬迁"、"虽死犹生"的实用主义的墓葬——辐射向帝国的每一个角落。

西汉天子即位不久，便会择址令将作大匠营造陵墓。修建帝陵主要由刑徒完成，有时这些罪犯会因此而被赦罪，景帝就曾下令赦免参与修建阳陵的刑徒之死罪。但是更多时候，大量的刑徒可能会因修陵而死。也同样是景帝阳陵，西北方就有一片占地约8万平方米的刑徒墓地，这些都是曾经的修陵人，这上万名死者被随意潦草地葬在汉家陵阙之旁，一边是煊赫的帝陵，一边是寒酸的墓坑，两相形成鲜明的对比。

　　西汉 11 座帝陵中，只有文帝霸陵和宣帝杜陵在城东南，其余 9 座都在渭水北岸，沿着咸阳原的走势一线排开，从东往西分别是景帝阳陵、高祖长陵、惠帝安陵、哀帝义陵、元帝渭陵、平帝康陵、成帝延陵、昭帝平陵、武帝茂陵。武帝时在咸阳原上修建了成国渠，水渠的流向大致与渭北帝陵区平行，可能与陵区的供水和物资运输有关。每座帝陵都有自己的名称，除最早葬在渭北的高祖和惠帝陵墓分别以"长安"

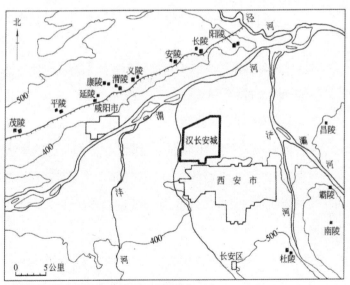

西汉帝陵分布图，据《中国考古学·秦汉卷》

中的一字为名外，其余帝陵多以所在地名命名。

与帝陵等级相当的还有太上皇万年陵、薄太后南陵、赵婕妤云陵和史皇孙的奉明园，其中南陵和奉明园在城东南，万年陵和云陵距长安较远。太上皇是高祖之父，薄太后、赵婕妤分别为文帝、昭帝之母，史皇孙是宣帝之父，这些人都是皇帝至亲，但是由于生前其子并非皇位的指定继承人，未能享受到相应的崇高待遇，尤其赵婕妤和史皇孙都因权位之争死于非命，因此他们的后人一旦即位，便千方百计给予其母以至高无上的哀荣。由于薄太后和赵婕妤不宜再入葬已被吕太后、李夫人占据后陵主位的长陵和茂陵，而是自行起陵，规格堪比肩帝陵。

汉家皇帝们的帝陵延续了秦始皇仿居咸阳城的观念，但是建筑和随葬品都要简朴得多。即使大兴大建最不计成本的武帝，其陵墓规模也远远逊色于秦始皇陵。就像宫城环绕城垣一样，每座帝陵的陵园也环绕着垣墙、壕沟或木制警示物。高祖、惠帝之时，帝后合葬在同一个陵园内。文帝以后，帝后在同一个陵园内又各自筑园。陵园门也如宫门一般称为司马门。

帝陵封土在高祖、惠帝时是长方形的，文帝以后多为"堂"形，即俗称的覆斗形。帝陵封土高度一般在 30 米左右，惠帝、武帝、元帝和平帝陵属于加高型封土。后陵的封土略矮，也有吕后陵这种与帝陵等高的。

帝陵内有寝园、陵庙和食官等礼制建筑。寝园被视为魂灵的居所，内有便殿和寝殿，还原帝后生前住过的未央宫和椒房殿前朝后寝的布局。

西汉帝陵虽然都未曾发掘过，但是可以根据文献、考古钻探和诸侯王墓的情况来想象这些宏伟的地下宫城。地宫四面各有一条墓道，既是运送灵柩、随葬品和下葬时入地宫祭祀的通道，墓道的数量也是身份等级的象征。地宫中安放一具巨大的木椁，木椁与墓壁之间用同样大小的黄心柏木枋一根根端头向内整齐地垒满，是为"黄肠题凑"。木椁内被分隔成前室、棺房和两侧的回廊。前室和回廊是陈列随葬品的地方，棺室是"梓宫"，即梓木棺的安厝之处，棺上也许是各种祥瑞、长生和神仙图案的彩绘。死去的皇帝身着金缕玉衣，汉代人相信这种用金线缀连玉片成形的铠甲像防护罩一样能保持肉身的不灭。

地宫之外的地下遍布从葬坑，这些坑内埋藏着武士俑、动物俑以及活的动物等，都被视为陵墓主人在地下生活的必需品。皇帝和生前一样，需要人侍奉、需要物供养。从已发掘的景帝阳陵从葬坑来看，既有九卿，又有中央军队，真是视死如生。

后妃多陪葬在大陵园内。有爵位的妃嫔才能合葬在陵园的司马门内，其余则葬在司马门外。开国元勋、重臣名将、皇亲国戚等的陪葬墓则多在帝陵以东或以北。陪葬之人因为身份的不同，在帝陵中埋葬的位置也不同，就和生前的住宅一样，地位越高之人住得离皇帝越近，萧何、霍光、董贤一类生前住在未央宫北阙甲第的权臣和宠臣，死后在众多陪葬的臣子中也是离皇帝最近的。列侯墓通常模仿帝陵的布局，只是规格都要下降一些档次，名称上也有所不同。列侯内部，随着爵位的递减，规格也递减。列侯墓不称陵园而称墓园，像帝陵在大陵园中帝后又各筑小陵园一般，列侯墓园也分为内、外园。墓旁立祠堂，霍去病墓周围立有石雕像，这属于特例。坟丘多为圆丘形，偶有如帝后陵墓般的覆斗形，霍去病墓和卫青墓坟丘似山，也是特例。

墓坑、棺椁和随葬品，事无巨细皆有定制。偶尔也有特例，重臣如霍光薨逝，宣帝和皇太后亲自吊丧，赐以金钱、衣被、玉衣、葬玉，以及皇帝和诸侯王才能使用的葬具、外藏椁和随葬品。

列侯受赐的墓地面积一般很大，还有守冢的人家，称之为园邑。除了本人的墓园以外，后世子孙也能跟着沾光在其中埋葬。近年在西安南郊的凤栖原发现了宣帝时富平侯张安世家族墓地。张安世的哥哥张贺对宣帝有抚育之恩，张贺官职虽不高，但宣帝破例下诏为他置守冢30家，并在其中也为自己留了一间房舍，就在张贺墓西边一个斗鸡翁家的南边，是宣帝幼时常常

景帝阳陵

游玩的地方。张安世又于刘询登基有助，深受宣帝倚重，死后赐墓茔于杜陵之东。这片墓地面积约 6 万平方米，居中的是张安世夫妇的墓园，四面以壕沟为界，占地 3 万平方米，园内有甲士俑丛葬坑、祠堂、道路和排水沟等。墓园周围呈向心式祔葬后世子孙墓，墓地一直使用到王莽时期。

　　成帝之前的帝陵附近都设有陵邑，大小往往相当于一个县，少者 10 万人，多者近 30 万人。陵邑的设置自然有政治考虑，但保证陵墓的安全与奉养是其初衷。

　　我们可以借由下面的几座陵墓来一窥西汉帝陵之气象。

文帝薄葬

　　霸陵以邻近的霸水为名，在白鹿原东北隅，因山而建，

在断崖上凿洞为玄宫，其中以石砌筑，地面无封土。陵园辟有高大门阙，附近还有寝庙等建筑。窦皇后陵在帝陵东南，平地起冢，形如覆斗。

文帝是高祖的中子、惠帝的弟弟。丞相陈平、太尉周勃、朱虚侯刘章平息吕乱后，扶持当时尚为代王的刘恒登上帝位，是为文帝。可能因为文帝与惠帝属平辈，又不是按照正常程序由前任皇帝生前指定的继承人，因此没有葬到城北郊，而葬到了东郊。文帝死后两年，他的母亲薄太后亦辞世，也没有陪葬高祖长陵，而是葬到了文帝霸陵之南，因名南陵。

文帝生前曾带着慎夫人、中郎将张释之等前往霸陵，登上北边的高地遥望霸水。慎夫人鼓瑟，文帝和瑟而歌，忽虑及死生之事，又恐有人在百年之后发丘盗冢，不由悲从中来，对群臣说："假如以北山之石为椁，以纻絮和漆错陈其间，这样就没有人能动得了我的陵墓了吧。"大臣们都表示赞同，只有张释之说："如果墓中有让人贪念的东西，就算是以山为墓，都能钻出缝隙。如果薄葬而墓中无物，就算不用石椁也不必忧心被盗掘。"文帝深以为然，遗诏丧事一切从简，据说随葬品都是陶器，并无金银铜锡等贵金属。但即使有薄葬美名如文帝，治丧时也征发了县卒 16000 人、内史卒 15000 人。

茂陵霸气

茂陵是西汉诸陵中规模最大者，分布范围东西约 9.5 公里、南北约 7 公里。大陵园占地 2.89 平方千米，墙外有壕沟。武帝陵园边长 430 米，四门之外皆置双阙，围墙四角有角楼或角阙。封土高 46.5 米，底部边长 230 米、顶部边长 40 米。墓室四周呈放射状分布有 150 座外藏坑。

李夫人生前深得武帝宠爱，因病早卒，武帝思念不已，不但将她的画像挂在甘泉宫内，还让方士招魂。卫子夫因巫蛊之祸被废自杀，4 年后武帝也驾崩，未再立皇后。霍光揣测武帝的意思，将李夫人追封为孝武皇后。李夫人墓俗名英陵、集仙台，她的墓园在武帝陵园的西北，规格都略降一等。

武帝的后妃中，卫子夫和赵婕妤都未合葬茂陵。卫子夫死时，只用一具小棺收敛，在城南郊的桐柏安葬，直到宣帝即位后，才将曾祖母追封为思后，建造墓园，设置园邑，派 300 户人家守墓，并起思后庙。赵婕妤是昭帝之母，生前颇受宠爱，卫太子被杀后，武帝想立其子为太子，却又担心子少母壮，将致女主之祸，于是寻找借口将其处死。昭帝即位后，追尊母亲为皇太后，起云陵，设陵邑、寝园、庙，规格比肩帝陵。

武帝陵园外、大陵园内也分布着大量的从葬坑，总数达244座。陵园内还有9座规模比较大的墓冢，不知是哪几位夫人的。西南的一处园林建筑可能即为用以驰逐走马的白鹤馆。

大陵园外已发现了113座陪葬墓，不乏众多耳熟能详的名臣，其中包括卫青和霍去病。霍去病死时，武帝令霍氏属国之兵尽着玄甲，从长安一直列队至茂陵为其送葬，冢上封土模仿祁连山之貌，以铭记他攻打匈奴之功，墓前有"马踏匈奴"石像。卫青冢上封土则像庐山。

茂陵陵区西面是修陵人墓地，尸骨至少在两万具以上。

杜陵思旧

宣帝也没有入葬城北咸阳原的传统帝陵区，而是选择了落难民间时最常流连的下杜附近、鸿固原的最高处作为自己的陵墓所在，陵墓名称也得名于此。他和文帝一样，也不是正常程序下皇位的指定继承人。他父母史皇孙和王夫人的悼园、祖父母戾太子和史良娣的戾园、外祖父母思成侯和思成夫人的墓园都在长安东南郊，杜陵的选址应该也是为了离这些故去的亲人更近。虽然宣帝即位时已入嗣昭帝，但从其陵墓的择址来看，他仍以自己为卫皇后、戾太子、史皇孙一脉之后。

　　宣帝前后共册封过三位皇后，在后陵主位正式与他合葬的是第三位皇后王皇后，陵园在帝陵的东南。宣帝寝园在帝陵陵园的东南。寝殿在西，便殿在东。园南是园吏或守陵宫女住所。王皇后寝园在后陵的西南，布局和结构都与宣帝的寝园一致。宣帝发妻许皇后的陵园在杜陵西北 13 里，仍在杜陵陵区的范围之内，史称"杜陵南园"。许皇后陵的封土外形像是一座巨大的三层台，似乎是摹拟仙山昆仑。在同时期的一些帛画和画像砖之类的图像中，仙人活动的背景中就常常有这么一座三层台阶式的高山。

第二节　死亡者的纪念碑

　　罗马人并不像长安人那样在丧事上寄托太多的寓意而花费靡多，他们宁可将金钱和精力花在享乐上。不过这并不代表他们不重视死亡在人生中的意义，恰恰相反，他们将墓葬建筑当作家族或个人纪念碑来营建，用来承载家族的荣耀，墓主的经济实力、政治地位和个人品味决定着墓葬的规模、外形和装饰内容。贵族显要的墓葬建在比较显眼的位置，使出入都城的行人能注意到这些建筑，而普通平民的墓葬则在一些相对次要的道路两旁。

　　到帝国时期，罗马城的神圣边界虽已非原貌，但边界内的墓葬禁忌仍然存在，只是少数有特权的人才能够打破，如图拉真广场的纪功柱内就埋葬着图拉真夫妇的骨灰瓮。不过这种例子寥寥无几，大部分的墓葬仍然在边界之外。

　　罗马城内的古代名人墓葬由元首负责修缮，香火未绝的

1 世纪的墓碑

家族则由后人维护。新建的墓葬可分为两类：一类为家族墓葬，一般以出资修建者命名，修建者及其家族成员包括门客、奴隶和被释奴等都可埋葬其中；另一类为公墓，死者间没有关系。皇室和贵族拥有大型墓葬建筑，平民、被释奴和奴隶中一些有经济实力的人也能拥有自己独立的小型墓葬建筑，另一些则附属于其庇护人的墓葬中，或在公墓中购买墓位，因此只拥有一个壁龛。帝国初期以火葬为主，也有土葬。墓中一般均有墓志铭标记死者姓名、身份和生平，其中一些在墓室内或石棺上还有死者的雕像。

奥古斯都陵与哈德良陵

与西汉皇朝的最高统治者们一人独占一座占地广阔、规模宏伟、耗费巨大的陵园（甚至还有奉陵邑）相比，罗马帝国早期的元首们在丧事方面的花费则显得十分"寒酸"，两百余年间的数十位元首及其家族的部分主要成员都集中埋葬在罗马城西北近郊的奥古斯都陵和哈德良陵中，只有三位除外：尼禄的骨灰葬于平齐奥山西北坡，图密善被密葬在弗拉维家族神庙内，图拉真夫妇的骨灰瘗于图拉真广场的纪功柱底部。

这两座陵墓在拉丁语中被称为"Mausoleum"。该词源自公元前4世纪半卡利亚的玛乌梭罗王（Mausole），建筑形制也是仿效埃及亚历山大城内亚历山大·玛尼奥为玛乌梭罗王修建的阿里卡约索陵。这种墓葬样式曾在公元前1世纪晚期流行于意大利半岛中部，但自从奥古斯都选定这种圆形建筑作为自己家族的陵墓后，罗马城及附近的贵族们不敢与元首家族比肩，鲜少再建造雷同的建筑。

公元前29年，奥古斯都在战神原北部修建了奥古斯都陵。陵墓前峙立着两座方尖碑和两根悬挂《神圣奥古斯都行状》青铜板的方柱，周围环绕绿地。正中间，12米高的方形基座上矗立着直径约87米的圆形建筑，顶部为圆锥形，堆填土壤并栽种常青树木，最顶端安放一尊奥古斯都的青铜雕塑。穿过墓门、墓道和扇形门厅，便到达了周围环绕回廊的主墓室，中心那根方柱便是罗马帝国开国君主奥古斯都的埋骨之处，顶端同样有奥古斯都的青铜雕塑。七重同心环形的结构间以辐向的墙壁分隔，共有 12 个大房间，墙上设有壁龛。从奥古斯都到涅尔瓦的 7 位皇帝和他们主要的家庭成员都葬于该陵。

哈德良陵即今圣天使堡，在台伯河右岸。125 年由哈德良开始修建，最终在 139 年由安东尼诺·皮奥完成。陵内安葬安东尼王朝的皇帝及其家族成员。建筑形制仿照奥古斯都陵，周围有一圈青铜孔雀围栏。陵墓顶部是栽种树木的土丘，环绕一圈大理石雕塑，顶端为哈德良青铜雕塑。方形基座四角各有人物和马匹的青铜群像雕塑。墓门为三拱式，上方有题献铭文，两侧有墓志铭。门厅内可能曾安放哈德良的巨型雕

哈德良陵

塑，此外还发现有安东尼诺·皮奥的巨型头像（原本陈设的位置未知）。中央墓室的拱形壁龛内安放骨灰瓮。

一生声名刻于石上

共和国贵族们不但在公共建筑上相互竞争，在墓葬上也要互相攀比，以炫耀自己的财富、家族、地位和荣誉。帝国的贵族们则克制得多，大概是昔日的特权和地位都受到了压制，群星之光也不敢与独一无二的太阳相比较，他们更倾向于选择保守低调的建筑样式，炫耀风格的墓葬建筑大量减少。墓葬规模普遍趋小，建筑外观更简朴，装饰重点由外部转向内部，墓葬位置从之前的坐落于主干道沿线变为稍偏离主干道。最显眼的墓葬建筑由皇帝家族所有。贵族墓葬空间更加兼容，除埋葬核心家庭成员外，还包括其门客、被释奴和奴隶。

贵族墓葬中最突出的要素是其政治身份和社会地位。由于个人背景和喜好的不同，墓葬建筑的外观和风格多样。长方形建筑式是最普通也是最常见的。阿匹亚大道上的席匹奥涅墓建于公元前 298 年，一直使用到尼禄时期。墓内立着席匹奥涅家族成员的雕塑。墓葬的正立面为岩石砌造，台基满绘壁画，开有三个拱门，中门通往主墓室，右门通向新墓室，左门是封死的，仅具装饰功能或者通向迄今尚未发现的墓室。

主墓室是在凝灰岩中开挖而成的，葬具为石棺，多数摆放在凝灰岩中凿出来的墓穴里。墓内还发现有冷图利家族的骨灰瓮，他们可能在席匹奥涅家族灭绝后继承了这座墓葬并继续使用。

　　圆形陵墓基本为皇帝家族专用，贵族极少使用这种样式的墓葬，1 世纪末建于盐路门外的路奇里奥·佩托陵是"僭越者"之一，陵墓形制和奥古斯都陵类似，规模却小得多，直径只有 34 米左右。东侧的拱门中立着一块大理石碑文，后来随着葬入陵中死者的增多，在旁边增建了 5 座小墓葬。

3 世纪的缪斯石棺

金字塔墓葬是埃及风的追随者们所修建的。邻近奥斯提恩塞门的金字塔由执政长官盖伊奥·切斯提奥修建于公元前18—前12年，他在遗言中规定后世子孙增加金字塔高度，除非因获罪失去遗产。墓周环绕围墙，门两侧各有一尊墓主雕塑。金字塔由混凝土建造，有砖护墙，外覆白色大理石板，高36.4米，占地约22平方米。墓室拱顶和墙上均绘有包含死者肖像的壁画，墙上有墓主姓名和建造过程的铭文。3世纪时该金字塔被并入奥勒良城墙并改建成堡垒。

小神庙式墓葬在1世纪以后非常流行，俨然就是一座缩小的神庙。阿匹亚大道上的阿尼娅·热吉拉墓即属此类，建于2世纪半，外部黄砖砌墙，红砖作壁柱饰、框缘和三角楣饰等建筑构件。面对道路的一侧装饰尤其丰富，墓门亦朝此而开。墓内有大量安放骨灰瓮的壁龛。建筑底层是墓室，不设窗户，上层是举行葬礼的场所，开设窗户。

私墓与公墓

罗马平民的丧事主要由家族、庇护者和公会共同操持。被释奴和门客可以葬入庇护人的家族墓葬中，或是庇护人出资，由公会协助家族为其成员举办葬礼。墓葬中尤其强调死者生前的职业，以铭文、浮雕和雕塑等各种方式表现，例如铁匠墓中的锻造场景浮雕、粮食商人及磨坊主人墓中的船舶和磨坊浮雕。被释奴则习惯在墓中留下铭文，可能是为了强调他们新获得的公民地位。

也有很多平民并不附属于庇护人埋葬。有经济实力的自己出资修建一座属于自己和家庭主要成员的墓葬，多在重要道路的岔路口，奥勒良城墙的普拉俄涅斯特门外就有一座面包师夫妇的墓，约修建于公元前 30—前 20 年。墓立面装饰三排圆柱体，象征着测量谷物的工具或搅拌生面团的器具，浮雕中表现了各种面包制作工序的画面，墓内有墓主夫妻的雕塑。罗马人并不像长安人那般忌讳墓主形象出现在墓葬内，反而十分热衷于这样做，专门订购的石棺上常有墓主的形象，公墓的墓龛上也会摆放死者的胸像。2 世纪半，哈德良皇帝的一位被释奴为自己修建了在贵族中很流行的小神庙式墓葬，建筑分两层，底层为墓室，墙上开墓穴，上层则进行丧葬仪式，球状穹隆顶。

更多的平民则选择入葬公墓。公墓分为两种：一种是同一家族或行业协会共享，另一种是不论身份付钱即可埋葬。大多数公墓都像鸽笼一般，墓室四壁整齐排列的龛内安置着骨灰瓮，龛上一般嵌有铭刻死者名字、身份和职业的墓碑，墙上常绘有壁画，尤以酒神主题最为普遍。墓内安放有雕塑。

这样，几十平方米的公墓内通常能安葬数百位死者，有平民、奴隶、被释奴，也不乏经济宽裕的富人。到 2 世纪晚期土葬开始流行的时候，公墓中也安置有石棺。

至于流浪汉之类最贫穷的人们究竟葬身何处，则不得而知。被处死的囚犯尸体则被直接抛落坎匹多伊奥山的悬崖之下。

故去与活着

公元前后，世界版图上的超级大都市非长安和罗马莫属。这里集中了帝国范围内最多的人口、最华丽的建筑。

长安和罗马，两个帝国权力之巅的城市。一个追求着"重威"，城市的规模和规格在当时都是最高的。而最中之最又是作为权力中心的皇帝，长安城的一切建设都围绕着凸显他的权威和卫护他的安全而进行。在他之下，每个等级各安其位。长安城整齐而秩序井然，城市的管理是封闭式的、半军事化的，重重设防、门禁森严，无形中也最大限度地保护了皇帝的安全。大部分时间里，社会的上层和中下层几乎是隔离的。但西汉的政治上升通道却比较通畅，多少出身寒微之人最终得以手握权柄，以另一种形式的"交通"弥补了这种"隔离"。这个城市就像它的名字一样，以维稳式的"安"

为目的，看起来似乎死板枯燥，汩汩的生机却在每一个闾里、每一座市肆、每一处巷陌中流动。

另一个城市则追求着"永恒"，而它也做到了永恒。世上没有哪一座城市像罗马2700多年来一直在同一个地方，同样的七丘和台伯河之畔，保存着如此之多过去那些时代里的古迹。从罗马建城以来，人们就认为这片受到神之庇佑的土地是神圣不可改变的，河流山川、一砖一石，尽是神意。是广场的地方还是广场，是神庙的地方还是神庙，是兵营的地方还是兵营，一座建筑不见了，则迅速代以另一座性质相同的建筑，或至少留下它的形状和面积。

罗马城俯瞰图

作为城的长安故去了。后来的唐朝都城虽然有着同样的名字，却已非同一个地方。长乐未央已成黄土，五陵原上一片青茫茫，就如长安建城之前的样子。隔了天风海雨，隔了千古河山，伫立长天重云的废墟下，只看见岁月如烟中渐行渐远的背影，只闻见那煌煌帝都余留的气息。长安是一座回不去，却又一直存在于梦里的城。

作为城的罗马仍活着，徜徉在弥漫柠檬香气的城中，鸽子在石板上漫步，阳光洒过、海风吹过的风景，不经意就是十几个世纪的时光沉积。白云苍狗的岁月之后，你可以看到帝国的人们所看到的，也许一息闪念间，时光两头的人还有着相同的感受。长街短巷、喷泉雕像、广场神庙间，时间是怎样在世间流转、怎样经过岩石的纹理，已被记录在每一处铭文里。俯瞰过帝国军队开疆辟土的苍鹰，一斜翅膀依然掠过台伯河的流水；星星点点的万家灯火，依然从那古老的窗后透出昏黄幽远的光。